3万年前の伝説のセックス瞑想

「エントプティック＝オーガズム瞑想」

世界最高のエラノス理論に基づく
神経科学的光の性愛瞑想

武田梵声

KK
ロングセラーズ

はじめに～エントプティック＝オーガズム瞑想とは？～

本書ではこれまで一般に殆ど伝わることのなかった究極の瞑想と究極のセックスについて、皆さんに解りやすく解説してゆきたいと思います。

究極の瞑想、究極のセックスを明らかにしたのが、世界最高の瞑想学会とされるエラノス会議です。

瞑想の究極の目的、セックスの究極の目的とは何でしょうか？

悟りを開く？　ゾーンに入る？　気持ちよくなる？　オーガズムを得る？　生殖？

どれも間違いではないと思いますが、エラノス瞑想理論が世界中のすべての瞑想、すべてのセックス瞑想を研究し、たどり着いた答えは

【神経科学的な光を見る】ということです。

【神経科学的光】とは、例えば長時間目隠しをしたり、暗い部屋にいると人は単なるイメージのレベルではなく、実際にフラッシュを焚いたような強烈な光を見ることが神経科学的に明らかになっております。

これは、ニューロンの発火を実際に見た状態であり、研究者によっては脳の中を見ている状態と表現する方もおります。

そして、この【神経科学的な光が見える】状態の時は脳のパフォーマンスが最大限に高められた時なのです。

この時、パフォーマンスや快感を高める神経伝達物質が放出され、更にそれらがブレンドされ、その効果は掛け算で倍増されてゆくことが証明されているのです。

そもそも神経科学的に瞑想とセックスは類似したものであり、実際に古代より世界各地でセックスは瞑想の奥義とされ、セックスの奥義は逆に瞑想のようなセックスになってゆく傾向がありました。

通常の瞑想やセックスにも脳のパフォーマンスを解放する効果はありますが、【神経科学的な光を見る】現象が発動しない場合、瞑想やセックスの効果を最大限引き出した状態とは言い難いのです。

本書の【神経科学的な光を見る】エントプティック＝オーガズム瞑想は既存の如何なる瞑想やセックスマニュアル（セックスの技法）の数段上の効果を持ちます。

なぜなら多くの瞑想やセックスは本来の目的、到達点である【神経科学的な光を見る】ということが喪失されているからです。

瞑想やセックスにおいて宇宙が見える、光に包まれたという証言（これらの証言は科学的には神経科学的光を発動させた状態であると解釈されています）はこれまでにもございますが、これらは殆ど偶然見えたレベルで留まっているものが大半であり、【神経科学的な光を見る】ことを確実に体系化した方法はエラノス瞑想理論以外には今のところ存在していません。

この【神経科学的光】は専門的にエントプティックやフォスフェンと呼ばれております。

エントプティックとフォスフェンは厳密には異なる現象ですが、どちらも瞑想やセックスの究極の状態を捉えるために重要な用語ですので、本書ではこれを【エントプティック≒フォスフェン】と呼びたいと思います。

さて、この【エントプティック≒フォスフェン】はどのような瞑想やセックスで発動するのでしょうか?

結論から申し上げるならば、なるべく暗い部屋で酸欠気味になることで発動してゆきます。

この状態にセックスを加えてゆくことで、【エントプティック≒フォスフェン】の発動は完全なものになるのです。

また、セックスマニュアル(セックスの技法)としての側面から申しますと、オーガズムは【エントプティック≒フォスフェン】の発動により、快楽は数百倍〜数千倍以上に倍増されてゆきます。

一般にオーガズムというものには、いくつもの種類があることが知られております。特に女性の膣によるオーガズムとクリトリスによるオーガズム、ポルチオ（子宮の入り口）のオーガズムは有名ですが、多くの方は、単一のオーガズムの経験しかない場合が殆どかと思います。

そして人体にはこの何種類ものオーガズムを同時に経験出来る機能があることが科学的にも知られており、これは誰にでも経験可能なものなのです（全てのジェンダーにおいて経験可能です）。

本書のエントプティック＝オーガズム瞑想は、この何種類ものオーガズムをブレンドさせた複合型オーガズム、ブレンド・オーガズムを発動させた上で、更にそのブレンドされたオーガズムに【エントプティック≒フォスフェン】のブーストを掛け合わせることで、既存のセックス瞑想やセックスマニュアルにおけるブレンド・オーガズムの快楽を更に倍増させ、数段上の次元の違う快楽を発動させることが出来るのです。

本書のエントプティック＝オーガズム瞑想は以下のような効果が得られます。

・従来の瞑想であるマインドフルネスやヨガ（ヨーガ）を遥かに超えた身心のレンジを解放させる。

・従来のセックス瞑想やブレンド・オーガズムの更に数段上の快感の発動を可能にする【エントプティック≒フォスフェン】の快感ブーストを発動させることが出来る。

・精度の高いゾーンやフロー、変性意識が発動するため、ビジネスパフォーマンス、アスリートのパフォーマンス、舞台、Ｌｉｖｅのパフォーマンスを飛躍的に高める。

・神経伝達物質が放出され、メンタルや睡眠を改善する。
・愛情ホルモンと呼ばれるオキシトシンが分泌されコミュニケーション能力を高め、恋人、夫婦、パートナーの仲が深まる。
・浮気防止ホルモンともされるオキシトシンやバソプレッシンが分泌され、恋人、夫婦、パートナーの関係を長続きさせる。
・恋愛ホルモンＰＥＡが放出され、恋愛力を高める。
・セックスの究極の技法を修得することでセックスに自信が持てる。
・エンドルフィンやドパミンの分泌が倍増され、悟り、サマーディを超えた究極の意識状態を体験出来る。

・健康増進の効果。

・自律神経が整う。

・レジリエンス（精神的回復力、弾性）を高め、ストレスや困難への対応力、回復力を高める。

・アナロジー思考と関連するアナンダミドが放出され、思考力、学習力、クリエイティビティを高める。

等々の効果効能が期待出来るのです。

エラノス瞑想の究極奥義であります、本書のエントプティック＝オーガズム瞑想は、従来のセックス瞑想の奥義とされてきました、タントラ（マハースカ）、タオイズム、房中術、ポリネシアンセックス、セックスマジック、カレッツァメソッド、世界各地のオルギー、オルギア、ヒエロスガモス、ファティリティ・ライト、あるいはセックスの聖典とされてきました、カーマ・スートラ、コーカ・シャストラ（ラティラハスヤ）、アナンガ・ランガ、匂える園、エルクターブ、アルス・アマトリア、素女経、医心方、閨中紀聞 枕文庫などのセックスや瞑想の奥義の全てを研究し、その遥か先の領域を明らかにしたものです。

エラノス会議やその理論を継承した認知考古学（認知科学）はこうした既存のセックス瞑想のエッセンスを抽出し、その源泉となる究極のセックス瞑想（石器時代のセックス瞑想）の存在を明らかにし、更にそれを神経科学的にブラッシュアップしていったのです。

本書により、セックスの究極奥義と瞑想の究極奥義が同時に明らかになるのです。

昨今、少子化問題、コンプライアンス、ＬＧＢＴＱ、ジェンダー、セクシュアルマイノリティ、アセクシュアル、ルッキズム、ポリアモリーといったテーマから改めて性が問われてきておりますが、その根本は常に覆い隠され、混乱している印象があるように思います。

本書が性と瞑想の根幹を問うことで、読者諸氏の性のお悩み、性生活、恋愛、瞑想、様々なパフォーマンスを改善、解放することにお役に立てるならば著者としてこれ以上の喜びはございません。

武田　梵声

本書の使い方と注意点
本書のセックス瞑想メソードは安全性に考慮したものですが、基礎疾患をお持ちの方、重度なメンタル疾患の方などは、医師などにご相談の上、慎重に行うことをお勧めいたします。セックス瞑想メソードを行う際は絶対に無理をなさらず、問題が発生した際にはすぐに瞑想トレーニングを中断していただきたく存じます。あくまでも自己責任でお願いしたく存じます。本書は一切の責任を負いかねます。

3万年前の伝説のセックス瞑想　エントプティック＝オーガズム瞑想　⁚目次
〜世界最高のエラノス理論に基づく神経科学的光の性愛瞑想〜

第2章　エントプティック＝オーガズム瞑想の実践！

第3章　集団で行うグループセックス！　エントプティック＝オルギー瞑想の実践！

第4章　エラノス瞑想理論の奥義！神経科学的光の瞑想（エントプティック≒フォスフェン瞑想）と筋肉の鎧を解放させるライヒ系ボディワークとマルチプルオーガズムの鍵！ＰＣ筋のトレーニング

第5章　石器時代のセックス瞑想！ エントプティック＝オーガズムの至高の領域！ 〜アルティメット・ステージの発動法!!!〜

第6章　エラノス会議と聖地アスコナにおけるバッハオーフェンの母権論とセクソロジー〜理論編〜

第1章

究極のセックス瞑想！
エンプティック＝オーガズム瞑想とは？

エントプティック＝オーガズム瞑想とは？

一般的にセックス瞑想とは文字通りのセックスを使用した瞑想です。

既存のセックス瞑想の有名なものには、タントラ、タオイズム、ポリネシアンセックス、セックスマジック、カレッツァメソッドなどがありますが、この他にもセックス瞑想は世界各地の瞑想の奥義として伝承されてきたものが世界中にございます。

特に世界各地のオルギー的瞑想やヒエロスガモス、ファティリティ・ライトと呼ばれるセックス瞑想は、超強力なセックス瞑想として知られています。


しかし、なぜセックスが瞑想の奥義なのでしょうか？

それは、セックスが精度の高い変性意識状態を発動させ、また何よりも神経科学的光である【エントプティック≒フォスフェン】を発動させやすいからに他なりません。

セックス研究で有名な『ハイトリポート』やＡＶ監督のレジェンドである代々木忠監督

の作品やレジェンドAV男優である加藤 鷹さんの書籍などにも、性行為により光を見た、セックスやオーガズムで宇宙が見えるといった報告がありますが、これらは神経科学的に考えて【エントプティック≒フォスフェン】が発動した状態であると解釈出来ます。

時として優れたセックスは優れた瞑想以上に我々のパフォーマンスを解放し、身心を解放し、脳の機能を高める効果が高いのです。

こうした瞑想やセックスにおける究極の状態とされる【エントプティック≒フォスフェン】を確実に発動させるためには、基本的には以下のような順序、条件でエントプティック＝オーガズム瞑想を行う必要があります。

・性行為の前にエントプティック≒フォスフェンを発動させる瞑想を行う。
・性行為は前戯に時間をかける。
・性行為の最中は目隠しをするなどにより視覚情報を遮断するか、あるいは相手の目を見つめ続けるなどにより視覚情報を可能な限り単純化させる。

・性行為中はピストン運動を殆ど行わず、基本的には絶頂に達しないようにオーガズム直前の快感（プラトー期）を長時間キープするようにする。
・性行為の最中は呼吸を少なめにし、眉間に意識を集中する。
・絶頂に達しそうな場合は息を止めるようにするか、深呼吸しながら歯軋《ぎし》りをする。

これらの条件を満たすことで、様々なオーガズムがブレンドされたブレンド・オーガズムが発動し、更にそのブレンド・オーガズムの快感を飛躍的に増幅させる【エントプティック≒フォスフェン】の快感ブーストの発動が起こるのです。

これまでのブレンド・オーガズム系のセックスマニュアルやセックス瞑想でも【エントプティック≒フォスフェン】は発動する可能性はありますが、現在流布している大半のブレンド・オーガズム理論もセックス瞑想の理論もそのことに触れているものは殆どありません。

一般に性の科学的研究（セクソロジー）では、脳はセックスの演出家とされております。

すなわち脳のパフォーマンスを抜本的に解放することを可能とする【エントプティック≒フォスフェン】を発動させることで、はじめてブレンド・オーガズムを数百倍〜数千倍以上に増幅させる快感ブーストがかかるのです。

単に生理的なレベルでオーガズムをブレンドしただけでは、オーガズムの可能性を活かしきれてはいないのです。

一方、神経科学的な光である【エントプティック≒フォスフェン】は、瞑想における悟り、ヨガ（ヨーガ）におけるサマーディ、あるいはタントラのマハースカや精度の高い変性意識、ゾーン、フローなどの究極の意識状態で発動されると考えられている単なるイメージではない、リアルな光でもあるのですが、これまでの瞑想やセックス・マニュアルでは殆ど偶然に発動するレベルであり、確実に発動させることが出来なかったのです。

最も発動の確率が高いものが、瞑想の奥義とされてきた世界各地のセックス瞑想なのですが、これらにおいても感覚的な伝承が殆どであったため、確実に発動出来るものではなかったのです。

しかし、世界最高のエラノス瞑想理論とその系譜に連なる認知考古学（認知科学）は、神経科学的に確実にブレンド・オーガズムに【エントプティック≒フォスフェン】の快感ブーストをかけることの出来る究極のセックス瞑想を石器時代の瞑想の中から発見したのです。

それは従来のセックス瞑想の代表格であるタオイズムやタントラのマハースカに影響を与えた、いわば超マハースカやアルティメット・マハースカと呼ぶべき至高を超えた至高のセックス瞑想だったのです。

故にエントプティックやフォスフェンの発動により、脳は最大限に活性化され、複合型オーガズム、ブレンド・オーガズムを更に数千倍もの性的絶頂へと変容させ、その至高の領域を我々に体感させてくれるのです。

神経科学的光（エントプティック≒フォスフェン）が快感を何千倍にも高める究極の快感ブーストである理由

【エントプティック≒フォスフェン】は、なぜ快感を数百倍あるいは数千倍以上に増幅してくれるのでしょうか？

その理由は様々に考えられるのですが、基本的には【エントプティック≒フォスフェン】が発動した時には、快楽を司る神経伝達物質であるドパミン、恋愛ホルモンであるPEA、あるいはエンドルフィンやオキシトシン、アナンダミドといった様々な快感物質が放出され、更にそれがカクテルされてゆく現象が起こることが解っているからです。

その放出量は【エントプティック≒フォスフェン】が発動した際には通常の放出量の数倍から数百倍にもなると言われております。また、ひらめきの際に起こるとされるアハ体験の数千倍以上の脳の解放が起こると考えられているのです。

そして、性の科学的研究（セクソロジー）が証明してきたようにセックスは単に下半身の問題以上に脳の問題なのです。

すなわち脳が抜本的に解放された時に真の究極の快楽は解放されるのです。

瞑想の究極奥義とされる神経科学的光（エントプティック≒フォスフェン）とは何か？

エラノス会議は、世界最高の伝説的な瞑想学会とされ、世界中のすべての瞑想の学際的（あらゆる学問を縦断してゆく）研究から、瞑想の究極の領域は【エントプティック≒フォスフェン】と呼ばれる神経科学的光を発動させることであることを発見しました。

【エントプティック≒フォスフェン】の存在は古代の瞑想の達人たちの間で経験的に知られてきた現象でしたが、チェコの生理学者であるプルキニェや神経解剖学のクリューバー、エラノスの中心メンバーであったマックス・クノール等により科学的に研究されてゆきました。

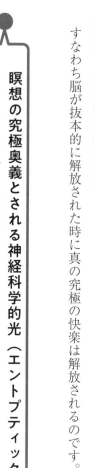

そして、エラノス会議やその系譜に連なる認知考古学は、エントプティック≒フォスフェン研究をマックス・クノールやクリューバーの理論を中心に学際的に研究を進めていったのです。

【エントプティック≒フォスフェン】を発動させる条件はいくつかありますが、基本的には以下の2つの条件を満たすことで発動してゆきます。

・真っ暗な部屋あるいは目隠しをした状態で瞑想をする。（感覚遮断）
・息を長く止める。（呼吸停止、意識的な酸欠）

基本的には、この2つの条件を満たすことで、【エントプティック≒フォスフェン】は発動してゆきます。

この神経科学的光の現象が発動することで、従来のブレンド・オーガズムの快感を数百倍～数千倍以上に増幅させる快感ブーストがかかるのです。あるいは脳のパフォーマンスや身心のパフォーマンスを解放させるブーストがかかってゆくのです。

快感を数千倍にする！神経科学的光（エントプティック≒フォスフェン）はどのように見えるのか？

【エントプティック≒フォスフェン】の典型的な光のパターンは、格子パターン（グリッドパターン）と振動パターン（オシレーションパターン）とされており、この2つのパターンが最も発動の確率の高いパターンになります。他にもクリューバーやマックス・クノールにより体系化されたパターンには、上記と合わせて以下のようなパターンがあります（52ページ図1を参照）。

・ハニカムパターン
・ドットパターン
・蜘蛛の巣パターン

・渦巻きパターン
・トンネルパターン

これらのパターンの発動の基礎は、前述しましたように目隠し（感覚遮断）と息を止めることです。

それにより上記のいずれかのパターンが発動しましたら、それを長時間キープ出来るように【エントプティック≒フォスフェン】のパターンを凝視してゆくように鍛錬してゆきます。

エントプティック＝オーガズム瞑想の構造

ブレンドされたオーガズムの快感を更に何倍も増幅させる究極の快感ブースト、究極の脳内ブーストである【エントプティック≒フォスフェン】の基本的な発動方法を押さえていただいたら、改めて、エントプティック＝オーガズム瞑想の具体的な方法を詳細に見てゆきたいと思います。

エントプティック＝オーガズム瞑想の構造は以下のようになります。

・オーガズム直前の快楽（プラトー期）を持続させる。
・ピストン運動を殆ど行わない。
・エントプティックやフォスフェンといった神経科学的光を発動させる。
・あらゆる種類のオーガズムがブレンドされたブレンド・オーガズムの最高峰〜超マハースカ〜が発動する。

従来の世界各地の瞑想の奥義とされてきました、タントラやタオイズム、房中術、ポリネシアンセックス、セックス・マジック、カレッツァ等に通底する構造も、例外もありますが、基本的にはピストン運動を殆ど行わず、オーガズム直前の快感（プラトー期）を持続させることにありました。
基本的には、これだけでも通常のセックスやマスターベーション、通常の瞑想を超えたオーガズムやパフォーマンス解放効果、脳のパフォーマンスを高める効果がありますが、エントプティック＝オーガズム瞑想は、これに更に快感を数千倍に倍増させる究極の快感ブーストである神経科学的光である【エントプティック≒フォスフェン】を確実に発動させてゆくことを掛け合わせることで、オーガズムの快楽や神経伝達物質の効果は掛け算でその効果を倍増させてゆくのです。

前述しましたように、オーガズムの気持ち良さを演出し、決定づけるのは最新のセックスの科学が証明しているように脳がその快楽を司っているのです。
従って脳のパフォーマンスを最高レベルにすることでしか、究極を超えた真の快楽は得られないのです。

そして、脳のパフォーマンスが最高水準に達した証は神経科学的な光である【エントプティック≒フォスフェン】の発動なのです。

更に驚くべき事実を申し上げますと、【エントプティック≒フォスフェン】には、3段階のステージがあるのです……。すなわち皆さんのオーガズムや瞑想にはまだ相当な伸び代《しろ》、相当に眠った能力が隠されているのです。

上記までの【エントプティック≒フォスフェン】はステージ1の快感ブーストであり、更にステージ2、ステージ3の超快感ブースト、アルティメット快感ブーストと呼ぶべき領域が神経科学的に確認されているのです。

エントプティック＝オーガズム瞑想の効果

従来のセックス瞑想は伝統的には健康増進（養生法）、脳の活性化、身心の解放、あるいは悟りやサマーディといった究極の意識のレンジ（領域）を発動させるために行なわれてきましたが、エントプティック＝オーガズム瞑想はこれらの効果を更に何倍も倍増させ、より確実に効果が得られるように神経科学的にブラッシュアップされたものなのです。

従来のセックス瞑想にも右記のような効果があることは、生理学や神経科学的にも明らかではありますが、感覚的に伝承されてきた点や【エントプティック≒フォスフェン】が偶然の発動に頼っていた点などから確実性に欠ける点がありました。

確実に【エントプティック≒フォスフェン】が発動し、ブレンド・オーガズムの快感を倍増することが出来るエントプティック＝オーガズム瞑想は、前述しましたようにドパミンの分泌も倍増されてゆきます。それにより殆ど身心全体に万能薬と申し上げても良い効果が起こるのです。

そもそも、快感を司るＡ１０神経は、脳内に幅広く張り巡らされており、快感により様々な脳の部位を刺激し、活性化させてゆきます。

それにより、思考力、学習力、クリエイティビティ、身体能力、表情筋、現前性（存在感）を飛躍的に高めることが出来るのです。

科学的に認められるエントプティック＝オーガズム瞑想の効果は以下のようにまとめることが出来ます。

・健康増進の効果。
・自律神経が整う。
・思考力、学習力、クリエイティビティが向上する。
・身体能力、現前性（存在感）が向上し、表情筋が活性化される。
・セロトニン、ドパミン、オキシトシン、エンドルフィン、アナンダミドといった神経伝達物質が分泌されパフォーマンス能力を高める。
・新皮質、辺縁系、視床下部、小脳、脳幹神経節、脳幹下部などの活性化により脳のパフォーマンスを高める。
・側頭葉などの脳の記憶の貯蔵庫が解放され思考のフローやアナロジー思考、ラテラルシンキングなどのビジネススキルアップに必須な思考力を高める。

・ゾーン、フロー、変性意識は元より悟り、サマーディなどを超える究極の意識状態を発動させ集中力、パフォーマンス能力全般を飛躍的に高める。
・オキシトシンの分泌を倍増させ、コミュニケーション能力を高め、ビジネススキルアップは元より、夫婦、恋人などのパートナーの関係性を深める。
・浮気防止ホルモンとされるオキシトシンやバソプレッシンが分泌されることで、恋人、パートナー、夫婦の関係を長続きさせる効果。
・エンドルフィンの分泌が倍増され、一流の俳優や歌手のような現前性（存在感）にまで高める。
・側坐核が活性化され、ドパミンの分泌が倍増されることで、やる気を高め、快感が増加される。
・身体のこわばりがほぐれて、身体を解放させ、柔軟性を高める。
・レジリエンス（精神的回復力、弾性）を高め、ストレスや困難への対応力、回復力を高める。
・ドパミン、ＰＥＡ、アナンダミド、エンドルフィン、オキシトシンといった快感を司る神経伝達物質が通常の何倍も分泌され、更にカクテルされてゆくことで、オーガズムや快感を数百倍～数千倍以上に倍増させる。

等々の効果があります。

エントプティック＝オーガズム瞑想は元来、瞑想やセックスは元より、パフォーマンス全般（歌、舞踊、演技などの芸能全般）の奥義としても古代から効果が知られているテクニックでした。エラノス理論はその万能の効果のあるテクニックを神経科学的にブラッシュアップしていったのです。

脳が変わればオーガズムの快感は倍増する！
～脳はセックスの演出家～

これまでも何度も申し上げてきたように、セックスの科学的研究（性科学、セクソロジー）において、脳はセックスの演出家であると言われてきました。脳の仕組みから考えまししても、いくら局部を刺激しても脳そのものが性的に興奮していない状態ではその効果は薄くなります。

逆に局部へは大した刺激でなくとも、脳が活性化されていれば、何でもない刺激が圧倒的な快楽になるのです。身体と脳は相関関係にあり、身体からのアプローチ、脳へのアプローチともに重要ですが、従来のセックスマニュアルの多くは脳へのアプローチが弱いものが多かったように思います。

脳が究極のパフォーマンスをはじめるのは神経科学的な光である【エントプティック≒フォスフェン】が発動した時です。

質の高い瞑想と質の高いセックスが掛け合わされた時にこの状態を発動させ、神経伝達物質のカクテルを生み出し、ブレンドされたオーガズムに更に数千倍の快感を掛け合わせてゆく究極の快感ブーストを発動させてゆく脳の状態になってゆくのです。

実は脳が生殖の根本を司ると考えられていたのは、かなり古い時代からであった可能性が示唆されております。

恐らくは、石器時代の段階ではそのように考えられていた可能性があり、植物の生殖器官とされる花を類推的（アナロジー）に捉えてゆくことからそのように考えた可能性が示唆されているのです。

あるいは脳の色が精液に似ていることから、精液は脳で作り出されるとも考えられていたのです。

しかし近代以降、一般的にはセックスは下半身の問題であると考えられてきましたので、未だに我々はこのパラダイム（下半身の問題という思い込み）に囚われているように思いますが、性中枢とされる視床下部（内側視索前野、背内側核）が発見されて以降、専門家の間ではセックスは脳の問題であるという考えがむしろ常識になってきております。

それはむしろ前述のように本来の人類の考え方への回帰なのかもしれないのです。

もちろん、脳と身体、身心をトータルで捉えてゆく必要があります。本書はいまだかつてないレベルで総合的にセックスと瞑想を捉えておりますので、あらゆる方向性からセックスと瞑想を解説してゆきたいと思います。

様々なブレンデッド・オーガズム（複合型オーガズム）〜マルチ・オーガズム、マルチプルオーガズム、マハースカ（大楽）とは？〜

何度も申し上げてきたように、一口にオーガズムと言いましてもオーガズムにも様々なタイプがあります。大きく分けて単一のオーガズムとブレンドされたオーガズムがありますが、単一のオーガズムは一般に女性のクリトリスのオーガズム、膣のオーガズム、ポルチオオーガズム、あるいは、男性における通常の射精を伴うオーガズムが典型的な単一のオーガズムになります。

オーガズムがブレンドされてゆくのも基本的には、異なる神経のオーガズムが存在しているからです。すなわち、陰部神経、骨盤神経、迷走神経、下腹神経です。

これは女性のオーガズムでは、クリトリスオーガズムは陰部神経がメインであり、膣のオーガズムでは骨盤神経、ポルチオオーガズムでは下腹神経、迷走神経、骨盤神経のオーガズムが発動するのです。

そして更にそのすべてを同時に刺激することで、これらのオーガズムがブレンドされてゆき、ブレンド・オーガズムが発動されるのです。

この中の迷走神経とオーガズムの関係に関してはまだ完全に証明されたものではありませんが、陰部神経、骨盤神経、下腹神経は男性においてもオーガズムに関係しており、男根では陰部神経と骨盤神経、会陰部では陰部神経と骨盤神経、前立腺では骨盤神経と下腹神経が中心的な役割を担っており、男女ともにブレンドされたオーガズムを得ることが出来るのです。

ブレンドされたオーガズムにも様々なタイプ、あるいは名称がありますが、従来のセックス・マニュアルでは、以下のようなブレンド・オーガズムが知られています。

ブレンデッド・オーガズム、コンビネーション・オーガズム、スーパーオーガズム、マルチオーガズムやマルチプルオーガズム等々。

あるいはチベットのタントラ瞑想に伝わる４つの快楽がブレンドされたブレンド・オー

ガズムとされるマハースカ（大楽、空性大楽）などは有名です。

こうしたブレンドされたオーガズムはセクシュアリティを研究したアーヴィング・シンガーや性科学者であるビバリー・ウィップルなどにより研究されてきました。

また最も有名な性科学者であるキンゼイにより男性のマルチプル・オーガズムが報告されています。

更にアレックス・コンフォートやバーバラ・キースリングによってブレンド・オーガズムやマルチプル・オーガズムを男女ともにより確実に得られるメソードが発見されてゆきました。

また、ブレンド・オーガズムを瞑想として行うことで、上記の陰部神経、骨盤神経、迷走神経、下腹神経のブレンドされたオーガズムに加え、更に脳内では神経伝達物質のブレンドが起こってゆき、神経伝達物質のブレンドは足し算ではなく、掛け算であることが解っているのです。

いわゆる脳のオーガズム、脳イキが掛け合わされてゆく現象が起こってゆくのです。

そして更にもう数段上の領域が脳のオーガズムの至高領域である【エントプティック≒フォスフェン】を発動させたオーガズムすなわちエントプティック＝オーガズムなのです。

オーガズムや瞑想というのは基本的には底無しであり、上には上の領域があります。決して慢心することなく、鍛錬してゆく必要があります。また、前述しましたように、エントプティック＝オーガズムには認知科学（認知考古学）の研究から更に三段階の快感ブーストをかけられることが解っております。

すなわち一般に流布している瞑想やオーガズムの多くは、まだ入り口にも到達していないものが殆どなのです。

男性にマルチプル・オーガズムは可能か？

一般に男性はマルチプル・オーガズム（連続でのオーガズム）が難しいとされる説は、有名な性科学研究者であるマスターズとジョンソンの研究などによっても知られております。

しかし、マスターズとジョンソンは男性のオーガズムを射精とイコール（射精＝オーガズム）と捉えていた傾向があり、男性にはいわゆる不応期（俗にいうところの賢者タイム）があることから連続でのオーガズムであるマルチプル・オーガズムは難しいという説を提唱していたのです。

男性は射精により賢者タイムを作り出すプロラクチンが分泌されるのです。また、このプロラクチンの濃度が高いと性欲減退、ＥＤの原因になるとされています。

しかし逆に考えるならば、このプロラクチンが分泌されないようにすることが出来れば、マルチプル・オーガズムが可能なわけです。

また、実際に前述のキンゼイ報告やバーバラ・キースリングなどにより男性もマルチプル・オーガズムが可能なことは証明されているのです。

男性のマルチプル・オーガズムは基本的には、不応期が短い男性や射精を伴わないドライオーガズムにより可能になります。

ですから一般にドライオーガズムでないとマルチプルオーガズムは不可能とされていますが、必ずしもそうではないのです。射精を伴ういわゆるウエットオーガズムでもマルチプルオーガズムが可能だという報告やエビデンスはあるのです。しかしながら確率が高いのは圧倒的にドライオーガズムなのは間違いないでしょう。

マルチプルオーガズムを得るための基本は特に脳のパフォーマンスを高めること（いわゆる脳イキ）とＰＣ筋や前立腺によるドライオーガズムです。これらがマルチプル・オーガズムを発動させるための重要なポイントになるのです。

バーバラ・キースリングが指摘しているように男性のマルチプル・オーガズムの報告は古代から存在しており、その起源はタントラやタオイズム、先住民のセックス瞑想をも超えて石器時代にまで遡るのは総合的に考えれば明白な事実でしょう。

男性のマルチプル・オーガズムは20世紀に発見されたのではなく、再発見されたというのが正確なのです。

セックスこそが瞑想の究極奥義！

性の科学的研究（セクソロジー）の大家であるキンゼイによると、オーガズム中には酸欠気味になる傾向があることが報告されております。また、その他様々な研究者からオーガズム時に脳が酸欠になることが報告されているのです。

これは通常のセックス自体が【エントプティック≒フォスフェン】を発動させる可能性

が高いものであることを示しています。

【エントプティック≒フォスフェン】の発動の基礎は意識的な酸欠だからです。

また、オーガズム中の脳波は痙攣した際の状態に近いことも報告されております。痙攣もまた先住民の瞑想の奥義として世界各地で行なわれてきたことを考えるならば、通常のセックス自体がすでに超強力な瞑想であることが解るかと思います。

しかし、一般にセックスがそれほど強力な瞑想だと実感されていない方も多いかと思います。それは、ユング派の心理学者が言うところのサイトシーイング化に陥っているからです。

サイトシーイングとは観光という意味ですが、要するに価値あるものに遭遇してもその価値に気づかないことを言うのです。

おそらくは読者諸氏がこれまでに行ってきた通常のセックスの中にも瞑想やセックスの無限の可能性の一瞥が発動したことはあった筈なのです……。残念ながら殆どの方はそれに気づくことが出来ずにサイトシーイング化しているのです。

しかし本書により、読者諸氏は通常のセックスの中に発動する無限の可能性の一瞥に気づくことが出来るようになるはずです……。

そして、エントプティック＝オーガズム瞑想とは、このセックスの持つ無限の可能性のすべてを引き出すためのものなのです……。

第1章のまとめ

◆セックス瞑想はあらゆる瞑想の奥義である！タントラやタオイズム、ポリネシアンセックスのみならず、カバラ、スーフィズム、グノーシス主義、原始神道、セックスマジック、ケルトのドルイド、ジプシー（ロマ）、宮廷風恋愛、ヒエロスガモス、ファティリティ・ライト、シャーマニズム等々、これら全てにおいてセックス瞑想が奥義として存在したことが証明されている。

◆世界最高のセックス瞑想は伝説の瞑想学会エラノス会議で研究されたエントプティック＝オーガズム瞑想である。

◆エントプティック＝オーガズム瞑想は、超快感ブーストにして、悟りやサマーディをも超える究極の意識領域と関係する神経科学的光である【エントプティック≒フォスフェン】を発動させることが出来る。

第１章のまとめ

◆神経科学的光【エントプティック≒フォスフェン】は目隠しをし、息を止めることで発動する。

◆エントプティック＝オーガズム瞑想は、ピストン運動を殆ど行わず、オーガズム直前の快楽（プラトー期）を持続させ、あらゆる種類のオーガズムがブレンドされたブレンド・オーガズムの最高峰を発動させた上で、更にそれを掛け算で数千倍まで増幅させる超快感ブーストである神経科学的光【エントプティック≒フォスフェン】を発動させてゆくセックス瞑想の奥義である。

◆瞑想の究極の領域で発動してくる単なるイメージではない、リアルな光である神経科学的光【エントプティック≒フォスフェン】は、図１のように見えるものが典型的なパターン。（※52ページ　図１を参照）

図1
【エントプティック≒フォスフェン】の
ステージ１の典型的パターン

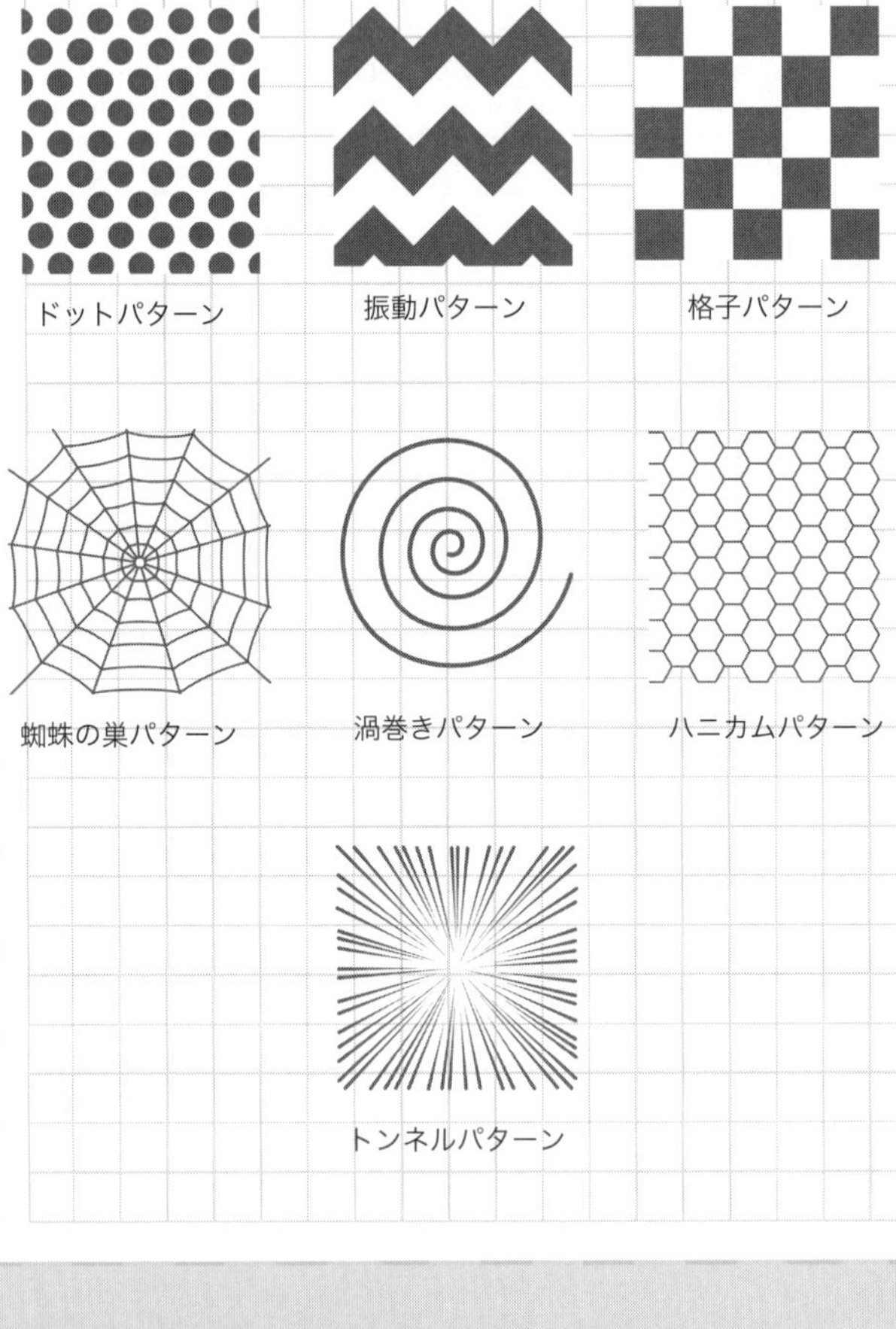

第2章

エンプティック＝オーガズム瞑想の実践！

セックス瞑想は1人でも出来る!?
～右道と左道のセックス瞑想～

さて、2章ではいよいよ究極のセックス瞑想の奥義であるエントプティック＝オーガズム瞑想を実践してゆきます。

また、実践してゆくにあたりセックス瞑想の種類について少し解説してゆきたいと思います。

一般にセックス瞑想は大別しますと、1人でイメージだけで行う右道セックス瞑想と実際にパートナーと性行為を行う左道セックス瞑想とに分類されます。また、集団によるオルギー的（乱交的、グループセックス的）なセックス瞑想もあります。

1人で行う右道セックス瞑想はいわゆるただのマスターベーションではありません。精度の高いものでは、単なるイメージの段階ではない、超リアルな映画を脳内に自力で発動させる【プリズナーズシネマ】と呼ばれる神経科学的な光の映画のテクニックで行なわれてゆき、精度を高めてゆきますと実際にパートナーと行うような感覚にまで極めてゆくことが可能です。

【プリズナーズシネマ】は、にわかには信じがたいテクニックかもしれませんが、科学的にも証明されている現象で誰にでも発動可能なテクニックです。詳細は後述しますが、エントプティック≒フォスフェンのテクニックの応用で発動させることが出来るのです。

一方、パートナーと実際に性行為を行う左道セックス瞑想の基本中の基本はオーガズム直前の【プラトー期】の快感をなるべく長い時間持続させるようにすることです。

これは古今東西の強力なセックス瞑想にも共通する構造です。

【プラトー期】とは性科学者マスターズとジョンソンにより発見されたものです。

このオーガズム直前の快感状態であるプラトー期を持続させるテクニックは、古くは、先史時代のセックスやタントラ、タオイズム、グノーシス主義の瞑想、ポリネシアンセックスなどで知られており、タントラとタオイズムの総合的研究では、【シーメン・リテンション】あるいは【コイタス・リザーバタス】と呼ばれております。
欧米においてもヒッピーのセックス革命に多大な影響を与えたアレックス・コンフォートによっても紹介されたテクニックで一般的には【エッジング】という名称でも呼ばれております。

この【プラトー期】を持続させる【エッジング技法】によりドパミンの分泌も倍増されてゆくのです。ドパミンは期待感によっても分泌することが解っていますので、【エッジング】により、オーガズムへの期待が高まることでもドパミンは倍増されてゆき、快楽も倍増されるのです。

このテクニックをわかりやすく解説されていたのが、元AV女優の吉沢 明歩さんで、【エッジング技法】やポリネシアンセックスの極意は、寸止め、あるいは焦らしにあると明快な説明を著書『ポリネシアン・セックス』（ベストセラーズ）の中で解説しております。

また上記に呼吸回数を少なくすることと、視覚情報を単純にするといったエントプティック≒フォスフェン発動の基本的条件を加えますと、快感ブーストである神経科学的光の発動が行なわれてゆくのです。

右道セックス瞑想も左道セックス瞑想もどちらの方法でもブレンド・オーガズムの発動は起こり、世界最高のセックス瞑想であるエントプティック＝オーガズム瞑想では、エントプティック≒フォスフェンの快感ブーストの発動により更に数千倍の快感が倍増されるのです。

では、右道と左道の効果の違いは？と申しますとそれは効果の出る早さや瞑想との相性の問題と言えますが、総合的に考えればやはり左道の方がより強力な瞑想と言えます。

VR空間やAR空間を自力で発動させるネオ・マスターベーション法〜プリズナーズシネマ＝オーガズム瞑想〜

前述しました1人で行う右道エントプティック＝オーガズム瞑想で重要な【プリズナー

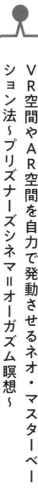

ズシネマ】（光の映画）についてもう少し詳しく見てゆきましょう。

そもそもエントプティック≒フォスフェンには3段階のステージがあることはすでに申し上げましたが、基本的なエントプティック≒フォスフェンである格子パターンや振動パターンはステージ1で発動するビジョンになります（93ページ図2を参照）。

このステージ1のエントプティック≒フォスフェンの発動時間を長くしてゆき、精度を高めてゆきますと、脳の記憶の貯蔵庫とされる側頭葉などの部位が解放されてエントプティック≒フォスフェンと交錯してゆくような現象が起こることが神経科学や認知科学（認知考古学）により証明されているのです。

この段階で発動してくるのが超リアルな映画、超リアルな夢のような現象である【プリズナーズシネマ】が発動してくるステージ2なのです（93ページ図3を参照）。

我々の日常のものに敢えて例えるならばＶＲやＡＲが【プリズナーズシネマ】に最も近いように思います。

この【プリズナーズシネマ】が発動させることが自在に出来るようになりましたら、今度は理想的な性的ビジョンをイメージし、【プリズナーズシネマ】のスクリーンに映し出してゆくようにしてゆくのです。

基本的にはこれだけで脳はすでに脳イキ出来るだけの興奮状態になりますが、ビジョンに合わせて通常のマスターベーションのように性器への刺激を加えても問題ありません、ただし可能な限り、【シーメン・リテンション】や【エッジング】と呼ばれるテクニックを使ってゆきます。このテクニックは基本的には前述しました吉沢明歩さんのいうところの焦らしや寸止めのことです。

更にBGMとしてカラードノイズ、倍音楽器、テンポ200超えのドラムとドラムの低周波音をバックに流しながら行うと【聴覚ドライビング】と呼ばれる音により変性意識状態を発動させる現象もプラスされ、効果は更に高めることが出来ます。

カラードノイズとは、いわゆるピンクノイズやホワイトノイズのことで、TVのザーザーという通称砂嵐の音は典型的なホワイトノイズです。こうしたカラードノイズは聴くだけでエントプティック≒フォスフェンを発動させやすいことが解っており、この現象は【ガンツフェルト効果】と呼ばれております。

また、倍音楽器もエントプティック≒フォスフェンの発動率を高めます。

倍音とは簡単に申し上げるならば、ピアノのドの音は実は一つの音ではなく、基音となるド以外の沢山の音が含まれていますが、この基音以外の音が倍音になります。そしてこの倍音を豊富に含んだ楽器のことを倍音楽器と呼びます。

倍音楽器も聴くだけで脳の血流に変化を起こし、変性意識状態にする効果があることが神経科学的に証明されおります。

最後にドラムについてですが、アメリカの実験では、瞑想経験のない人でもテンポ200以上のドラムとドラムの低周波により変性意識状態、エントプティック≒フォスフェンが発動することが証明されているのです。

これらをバックに流しながらエントプティック＝オーガズム瞑想やそのステージ2である【プリズナーズシネマ＝オーガズム瞑想】を行うことで、効果を更に高めることが出来るのです。

夢をコントロールする!? 明晰夢のテクニック

右道エントプティック＝オーガズム瞑想に役立つテクニックに【プリズナーズシネマ】と、もう一つ修得しておくと良いテクニックが夢をコントロールする技術です。

エントプティック≒フォスフェンのステージ2の発動はコツコツ鍛錬すれば必ず発動してきますが、中々発動しない方は、その間に夢をコントロールするテクニックを鍛錬しておくことで、【プリズナーズシネマ】の発動をサポートしてゆくことが出来るのです。

伝統的にはチベットの瞑想やメキシコの先住民の瞑想には夢をコントロール出来るテクニックがありますが、こうした夢のコントロール法を科学的に研究したのがスティーヴン・ラバージの明晰夢研究です。

明晰夢とは夢を見ている時に夢を見ていると認識している状態で、多くの方が経験したことがあると思います。またこれは、生理学的に誰にでも起こりうる現象です。

また、この明晰夢の時は通常の夢とは違い、比較的夢のコントロールがしやすいことが解っているのです。

ラバージにより研究された夢をコントロールする方法のポイントは

・夢を思い出せること
・日常から物事を俯瞰で見てゆくこと
・ドリームサインに気付くこと

等になります。ラバージのテクニックは他にもございますが、エントプティック≒フォスフェンのステージ2の補助的なテクニックとしては、上記を押さえておくだけで十分でしょう。

私達は平均的に1日に6つほどの夢を見ているのですが、大半の方は、ほとんど覚えていないようです。ラバージは、見た夢を最低限2つは覚えていられるようにすることを夢のコントロールのために薦めております。

また、夢を見ている最中に「あーこれは夢だな」と自覚することが重要であり、そのために日常で様々な物事を俯瞰で見てゆく癖をつけてゆく必要があるとラバージは説いております。

この、いわゆる如何にも夢だなというシチュエーションのことをドリームサインと言います。

日常でも常に俯瞰で物事が見れるように鍛錬をしてゆきますと、夢の中でも、このドリームサインに気づけるようになります。そして、夢を見ている時にドリームサインに気づけるようになると、夢を自由自在にコントロール出来るようになるのです。

ドリームサインを具体的に挙げますと、例えば犬や猫が言葉を話していたり、怪獣が現れたりといった、夢特有の非現実的な状態のことであり、それに気づけることが、夢を自由自在にコントロールするための最重要なテクニックになるのです。

こうした夢をコントロールする技法をマスターし、夢を自在にコントロールしてゆくことが出来てきましたら、その夢のビジョンに理想の性的なイメージを重ねてゆくのです。

それにより理想の性行為の夢が顕れてくるのです……。

1人で出来る!?
右道エントプティック＝オーガズム瞑想の実践！

前述しましたように、セックス瞑想の中にはパートナーがいなくても、イメージだけで出来るものも少なくありません。

ただし、これを単なるイメージの段階ではなく、**【プリズナーズシネマ】**（光の映画）と呼ばれる超リアルなVRやARのような映像を作り出すことが出来ないと、右道エントプティック＝オーガズム瞑想にはなりません。

このVRやARのような映像を脳内に自力で作り出す【プリズナーズシネマ】の機能は、誰にでもあることが神経科学的にも証明されております。

そして、この現象は基本的には神経科学的光であるエントプティック≒フォスフェンのステージ1の精度を高めてゆくと発動してゆくのです。

では、実際に右道エントプティック＝オーガズム瞑想の実践をしてゆきましょう。

まずは感覚遮断（目隠しまたは暗い部屋）の状態で息を長く止めてゆき、エントプティック≒フォスフェンのステージ1を発動させてゆきます。

ステージ1の格子パターンや振動パターンなどが発動しましたら、ステージ1のエントプティック≒フォスフェンをひたすら凝視してゆきます。

エントプティック≒フォスフェンが一瞬しか発動しない方もいらっしゃるかと思いますが、なるべく長時間ステージ1のエントプティック≒フォスフェンをキープ出来るように鍛錬してゆきます。

最低1分間（5分~10分発動をキープ出来ると尚良いです）は発動出来るようにしてゆきますと、側頭葉などの脳の記憶の貯蔵庫の記憶とエントプティック≒フォスフェンが交錯してゆく現象が起こり、光の映画である【プリズナーズシネマ】が発動してゆきます。

【プリズナーズシネマ】が発動してきましたら、【プリズナーズシネマ】に理想の性的ビジョンを重ねるようにイメージしてゆきます。

段々と理想の性的ビジョンの単なるイメージの層が、【プリズナーズシネマ】の中に交錯し始めてゆく現象が起こり、理想の性のビジョンを超リアルなVRのような形で楽しむことが出来るようになります。

後はこのビジョンに合わせて性器を刺激する形のオーソドックスなマスターベーションをしても問題ないですし、場合によっては特に性器への刺激も必要ありません。【プリズナーズシネマ】の状態は脳のパフォーマンス自体が高まった状態ですので、特に性器に触れずにエントプティック＝オーガズムを発動させることも可能なのです。

また性器を刺激する場合は、前述しました【シーメン・リテンション】や【エッジング】と呼ばれる寸止めテクニックを使ってゆきます。

基本的にはオーガズム寸前の感覚である【プラトー期】を持続させるように行うことがコツになります。

また、前述しましたようにカラードノイズ、倍音楽器、テンポ200超えのドラムとドラムの低周波音をバックに流しながら行うと効果を更に高めることが出来ます。

人類学の名著とされる『精霊と結婚した男』は精霊とのエロティックな体験が描かれておりますが、このような世界各地に伝わる精霊や悪魔との性行為をしたとする伝承は神経科学的には【プリズナーズシネマ】や、後ほど詳しく解説をしてゆきますが【セネストパチー】と呼ばれる現象である可能性が高いと考えられています。

にわかに信じ難いこのような現象も、誰でも条件を整えれば発動してゆく神経科学的な現象なのです。

また、【プリズナーズシネマ】は、視覚的ビジョンのみならず、内部音と呼ばれる側頭葉から発動するリアルな音や香り、触覚、味といった様々なエロティック感覚を発動させ、更にそれらを交錯してゆく現象も発動させてゆくことが出来るのです。

性倒錯、性的嗜好、エロティック・アラウザル・パターン（性的覚醒パターン）から考える

巷のセックスマニュアルやセックスのネット情報はセックスのテクニックを磨くことに偏りがある傾向があるように思いますが、セックスというのは、単に肉体的な現象ではありません。従っていくらセックスのテクニックを磨いても、心や脳に働きかけることが出来なければそのテクニックは不快なもの、不愉快なものになる可能性すらあります。

少し考えれば解ることですが、例えば同じ言葉を発しても好きな人の言葉は甘美に響くのに対し、そうでない人の言葉は場合によっては嫌悪感を抱かせます。

あるいは一般に様々な性的嗜好、性的指向あるいは、性倒錯、フェティシズムがある中でご自身の嗜好と異なるアプローチをされては、やはり受け入れ難い可能性が高いでしょう。

脳はセックスの演出家であると申し上げましたが、自分自身が、あるいはパートナーがどのような性的嗜好なのかを掘り下げることはエントプティック＝オーガズム発動のために極めて重要なものになります。

自分自身のことは自分が一番良く知っていると思っている方も多いかと思いますが、性的嗜好というのは、中々奥深いものでして、こう思い込んでいたけれど、本当は真逆だったみたいなことも良くあることなのです。

エントプティック＝オーガズム瞑想では、ご自身やパートナーが何に対して性的な興奮を覚えるのかをより明確にしてゆく必要があります。

これを【エロティック・アラウザル・パターン】（性的覚醒パターン）と専門的に申しますが、一般的に人間以外の動物の場合このパターンが比較的明確であるのに対して、人間の場合はかなり個人差、文化的な差があるのが特徴なのです。

性科学者であるクラフト＝エビングなども性的嗜好を体系的にまとめたパイオニアです。特にセクソロジー（性科学）におけるＬＧＢＴに関する研究のパイオニアの１人でもあり、性的嗜好には一般的に認知されているもの以外にも様々なものが存在していることが解ります。

【エロティック・アラウザル・パターン】（性的覚醒パターン）を無視した性的行為はセックス瞑想の質を下げます。

ご自身やパートナーの【エロティック・アラウザル・パターン】（性的覚醒パターン）を深く捉えることが、セックス瞑想の精度をより一層高めるのです。

パートナーと行う！ 左道エントプティック＝オーガズム瞑想の実践！

それでは、実際にパートナーと行う左道エントプティック＝オーガズム瞑想を実践してゆきましょう。

ちなみに右道と左道のエントプティック＝オーガズム瞑想のトレーニングには、基本的に優先順位はありませんので、最初からパートナーと行う左道から始められても問題ありません。

左道エントプティック＝オーガズム瞑想では、まずは通常のエントプティック≒フォスフェン発動の瞑想を２人で行います。

目隠しまたは暗くした部屋でなるべく長く息を止めてゆきます。息を止めるのは１セット30秒～１分以上を行いますが、難しい方は５秒でも10秒からでも問題ありません、無理のない範囲で行い、少しずつ息を止める時間を長くしてゆくようにしてゆきましょう。

2人の瞑想が高まり、エントプティック≒フォスフェンのステージ1が発動してきたら、なるべく時間をかけてお互いの身体を愛撫してゆきます。

ここまで十分な時間をかけて行うことが出来たら、ゆっくりと挿入してゆきますが、以下のようなポイントに注意しながら性行為を行います。

・基本的には左道エントプティック＝オーガズム瞑想の基本もピストン運動を殆ど行わず、オーガズム直前の快楽である【プラトー期】を持続させるようにしてゆきます。
・また、パートナーのいずれか、あるいは2人が目隠しをすること、または視覚情報を単純化してゆくように相手の目をじっと見つめるなどを行ってゆきます。
・エントプティック＝オーガズム瞑想の最大の特徴は視覚情報を遮断するか、視覚情報を単純化することです。この技法により神経科学な光であるエントプティック≒フォスフェンが発動してゆきます。
・従来のセックス瞑想でも絶頂しそうな際に息を止めたり（クンバカの技法）、歯軋りをしながら深呼吸をしたりと様々な呼吸法が使われてきましたが、エントプティック＝オーガズム瞑想の実践におかれましても可能な限り呼吸を静かに（息を止め気味）あるいは逆に呼吸を激しくしてゆきます。（過換気呼吸法）

・ポイントは意識的に酸欠気味にすることと、血中の二酸化炭素濃度を高めることです。目隠しに、息を止めたり、呼吸を激しくすることを加えることでより一層エントプティック≒フォスフェンが発動しやすくなります。

これらのポイントを押さえていただければ確実にエントプティック≒フォスフェンが発動してゆきます。

また、眉間あるいは胸のあたりに意識を集中することでもエントプティック≒フォスフェンは発動しやすくなります。

これらの条件を満たした上でエントプティック＝オーガズム瞑想は基本的には3日間かけて行います。もちろん3日間ずっとエントプティック＝オーガズム瞑想を行うわけではなく、性行為、瞑想の時間は1日30分ほどですので、誰にでも問題なく可能な技法です（94ページ図4を参照）。

1日目、基本的には楽な体位で、騎乗位、側位、座位のいずれかで挿入し、30分殆ど動かすことなくじっとしています。たまにゆっくりとした動きを加えても問題ないですが、基本的にはオーガズムに達しないように動かずにじっとしています。

2日目、1日目と同様の方法で30分行いますが、1日目以上にオーガズムに達しないように気をつける必要があります。オーガズムに達しないようにするにはタオイズムでは深呼吸と歯軋りが推奨されており、タントラでは、クンバカ（息を止める）が推奨されております。

3日目、究極のブレンド・オーガズム、【エントプティック＝オーガズム】が発動されてゆきます。3日目はゆっくりと腰を動かして問題ありませんし、【プラトー期】を維持する【エッジング】や【シーメン・リテンション】を段階的に解除してゆき、絶頂に達するようにしてゆきます。激しい動きは不要です。2人の額にエントプティック≒フォスフェンが発動し始めたら、そのまま【エントプティック＝オーガズム】を発動させるように腰をゆっくりと動かします。

以上が最も基本的なエントプティック＝オーガズム瞑想の全貌ですが、エントプティック＝オーガズム瞑想にはまだまだ様々なバリエーションやステージがありますので、この段階はまだまだ基礎中の基礎になります。

また、左道の場合も差し支えないようでしたら、カラードノイズや倍音楽器、テンポ200超えのドラムとドラムの低周波音をBGMにすると効果は倍増しますが、左道の場合はムードがより重要になりますので、好みにあったサウンドにアレンジすることが重要です（これは右道の場合も基本的には同様です）。神経科学的に効果が高いからといって、生理的に合わないサウンドをBGMにするのは、ムードを壊す可能性があり、それは結果として瞑想の効果を下げることに繋がります。上記の条件を満たし、且つムードも盛り上げてくれるBGMがベターだと言えます。

何よりもエントプティック≒フォスフェンの発動をしっかりと行うことで、ドパミンやエンドルフィンなどの神経伝達物質の放出量は倍増され、快楽が倍増されてゆくのです。

セックスを演出するホルモン～浮気防止ホルモン（バソプレッシン）と愛情ホルモン（オキシトシン）と恋愛ホルモン（PEA）～

セックスは脳で演出されるわけですから、ただ単に性器や肉体を交わせれば良いというわけではないことはこれまでにも解説してきました。

セックスの奥義書やラディカルなセックスマニュアルにおきましては、インドの『カーマスートラ』は元より、古代ローマのセックス及び恋愛奥義書である『アルスアマトリア』や『ハイトリポート』あるいはポリネシアンセックスにおいても、セックスにおける繊細な雰囲気作りや前戯が重要と説かれております。

そしてこの繊細な雰囲気作りには様々な技芸や知識が必要であると考えられているので

す。インドのセックスの奥義書とされる『カーマスートラ』では、64芸の修得が重要視されております。

ここでの64芸は、いわゆる体位やセックスのテクニックではありません。

64芸とは、歌唱、雄弁術、舞踊、物真似、演技……等々の様々な技芸のことです。

こういった諸芸がセックスにどのように役立つのでしょうか？

『カーマスートラ』には恋愛のきっかけにも64芸は役に立つと説かれております。様々な技芸を修得していれば、話題も豊富であり、あらゆることに対応出来ます。ですから恋愛の初動もスムーズになりやすく、話も途切れずに恋愛関係を無理なく進展させやすくなるのです。

また、どんなに美男、美女であってもその所作、身体性、現前性（存在感）、声、言葉が貧しいようでは、一気に魅力は半減してしまう可能性は高いでしょう。

恋愛は神経科学的には、【ＰＥＡ】と呼ばれるいわゆる恋愛ホルモンにより、あの独特な高揚感が生み出されていると考えられているのですが、この【ＰＥＡ】の働きは大体３年で切れるとされています。

３年で別れるカップルが多いのもそのためであるとされていますが、『カーマスートラ』には64芸が愛を繋ぎ止めるためにも役立つことが説かれているのです。

エーリッヒ・フロムという心理学者も愛は技術であるとプロダクティブ・ラブ理論を説いており、恋愛ホルモンが放出されている間を真の愛とは考えておりません。むしろその期間に信頼を育て、愛を育てることが重要であると考えられているのです。インドの聖者の中にも恋愛期間中に友情を育むことを説いている方もおります。

神経科学的には、ドパミンや【ＰＥＡ】が優位な段階がいわゆる燃え上がるような恋の段階であり、浮気防止ホルモンのバソプレッシンや同じく浮気防止ホルモンにして愛情ホルモンである【オキシトシン】が分泌されてゆくことで、いわゆる愛に変わってゆくと考えられております。

また、64芸のような様々な技芸の修得は様々な相手の細かいことに気付く力を養います。それらを活かすことにより信頼と愛は育てられ、恋愛ホルモンが切れた後も関係が持続出来るのです。

ＡＶ男優のしみけんさんはドキュメンタリー映画『セックスの向こう側〜ＡＶ男優という生き方』の中で「セックスって……、会ってチンチンをマンコに挿れるのがセックスじゃなくて…じゃあ来週の日曜デートしようのメールからセックスがはじまっているなって…そこで私は大事にされてるとか、感じたりとか…、僕は本当の愛は家族愛だと思っているから、そこに形を変えてゆくためのツールがセックス…。」

とセックスについて説かれていましたが、

セックスは相手とのメールやＳＮＳでのコミュニケーションからすでに始まっており、それは【オキシトシン】による家族愛にまで変容してゆくという神経科学的なメカニズムが見事に解りやすく語られている名言であるように思います。

また、『セックスの向こう側〜AV男優という生き方』では、しみけんさんとは真逆のセックス観を語るAV男優の方もおり、セックス観は万華鏡の如く多様であり、美食学の創始者であるブリア＝サヴァランの名言「どんなものを食べているか言ってみたまえ。君がどんな人か言い当ててみせよう。」はそのままセックスにも当てはまるように思うのです。

実際にブリア＝サヴァランの名著『美味礼讃』はセックスの話から始まるのはご存知でしょうか？

ブリア＝サヴァランは【生殖感覚】と美食は類似するものであるとし、それは現代の最新の科学の理論とも合致するのです。

神経科学的にもセックスと食の機能は極めて近いものなのです。

ブリア＝サヴァランの名言のように、セックスもまた人生そのものを映し出す 鏡のようなもののように思うのです。

恋愛ホルモンはエントプティック≒フォスフェンを発動させる効果がある!?

実は恋愛ホルモンである【PEA】には神経科学的光であるエントプティック≒フォスフェンを発動させるまたは増強させせる効果があることが解っております。

もちろん厳密には通常の恋愛の【PEA】のレベルではエントプティック≒フォスフェンが発動されるまでには中々なりませんが、【PEA】のレベルが上がることで【エンドルフィン】を放出させ、瞑想の奥義であるエントプティック≒フォスフェンが発動してゆくことは神経科学的な事実です。

ですから、恋愛それ自体も瞑想効果があるのです。そもそも私達が行っている恋愛は12世紀ヨーロッパで誕生したものであるとされています。

このように申し上げると疑問に思われる方も多いかと思いますが、もちろん現代は同時

に複数人のパートナーを持つポリアモリー的な考えも主流になりつつありますが、
現代の恋愛概念の基礎の一つが誕生したのは12世紀の宮廷風恋愛であり、それが更に19世紀にアレンジされ、いわゆるロマンティックラブイデオロギーと呼ばれるものとして日本に輸入されてきたのです。

また、12世紀の宮廷風恋愛にはポリネシアンセックスや先住民のセックス瞑想にも類似した性的な技法があったとされており、その技法の要の一つは恋愛を超ロマンティックに演出することで脳を変容させることにあったとされております。

このように世界各地の瞑想の奥義にセックスや愛の技法があるのは必然的であったことを示す科学的根拠は枚挙にいとまがありません。

また、【PEA】はチーズなどに含まれるフェニルアラニンという栄養素から作られます。

またフェニルアラニンはドパミンやノルアドレナリンなどを作り出す栄養素のため、脳の機能を活性化させるための重要な栄養素です。

チーズはドパミンや【ＰＥＡ】などの恋愛やセックス、瞑想の要になる神経伝達物質の研究の歴史の中でも大変に重要な食材と考えられてきたものであり、【ＰＥＡ】はエントプティック≒フォスフェンの研究史の中で重要な役割を果たしてきました。

【ＰＥＡ】やドパミンを活性化させてゆくためにチーズを食べることは大変に役に立ちます。

チーズについては6章で詳細に解説してゆきたいと思いますが、ブルーチーズの代表格であるゴルゴンゾーラや美食学（ガストロノミー）の祖であるブリア＝サヴァランがチーズの王と称賛したエポワスなどはお薦めのチーズです。

また、古代日本における古代のチーズに醍醐や蘇があります。こちらも再現されたものを食べることが出来ますが、大変な美味であり、【ＰＥＡ】を活性化させてくれるものなのです。

言葉責めの極意

セックスの演出家は脳であり、その脳を活性化させ、促進させてゆくことがセックス瞑想において重要なポイントであるということから話しを進めておりますが、その重要なテクニックの一つに言葉責めがあります。

言葉責めと言いますと、SMや痴女といった、やや特殊なプレイを連想される方もいらっしゃるかもしれませんが、オーソドックスなプレイにおいても、プレイ中に何らかの言葉を掛けることで、プレイの空間のエロティック度は高まる傾向はあります。また、いわゆるちょっとした愛の言葉を囁くことも広義の言葉責めに入ります。そして言葉の内容ももちろん重要なのですが、それ以上に重要なのは倍音構成（音色）とエロキューション（台詞回し）なのです。

AV界のレジェンドである代々木忠監督やいわゆる痴女と呼ばれるジャンルを確立され

た南智子さんはこの言葉責めの名人として知られております。

一説では代々木忠監督の声が女優をオーガズムに導いているとされており、その理由として、代々木忠監督が能の謡を鍛錬されてきたことが指摘されております。

能の謡もまた倍音を豊富に含みますので、能の謡が声の倍音を増強する可能性は十分にあるのです。

また、中央アジアのアルタイ山脈周辺の民族の中には「倍音で愛撫する」という概念があり、文字通り声の倍音で全身を愛撫するような前戯があり、それはオーガズムの質を高めるのです。

倍音は脳のパフォーマンスを高める効果がありますので、この文化は科学的な視点から見ても理に適っています。

倍音による愛撫や言葉責めも科学的な視点から見てもオーガズムの精度を高める効果があるのです。

また、言葉の基本はアナロジー思考やオノマトペにあります。アナロジー思考やオノマトペを練習しておくと、言葉責めの即興力は高まります。

アナロジー思考とは駄洒落、なぞなぞ、なぞかけ…などのように通常は関係ないと思われているものの中にある隠れた共通点を発見してゆく思考法ですから、頭の回転が圧倒的に速くなるのです。

また、上述しましたように言葉責めでもう一つ重要な要素であるエロキューションの達人が痴女のパイオニアとされる南智子さんです。南智子さんは、独特なエロキューションを持っていたことで知られております。

エロキューションとは広義には倍音構成（音色）、イントネーション、ポーズ（間）などを含みますが、狭義にはいわゆる台詞回しを指します。

ここでのエロキューションは独特な台詞回しという意味ですが、この独特なリズムと抑揚による台詞回しが変性意識に導く効果があるのです。変性意識はドパミンやエンドルフィンの分泌を増幅させるので、快感を高めるのです。そして変性意識の究極の状態では、エントプティック≒フォスフェンが発動してくるのです。

代々木忠監督の現場では光や宇宙を見るといった現象が度々あったことが報告されており、それらは神経科学的に捉えるならば、エントプティック≒フォスフェンであった可能性は高いのです。また、中には女優が男性の声を発声するといった現象も報告されておりますが、これもヴォルフヅーンが提唱した拡張発声の可能性が高いのです。

拡張発声とは、元々、心理学者のユングやケン・ウィルバーなどが提唱したサブパーソナリティ理論やアーキタイプ理論がベースになっており、変性意識状態では別の人格や内なるジェンダーが発動し、それが発声という形で顕れてくるという現象です。

生理学的には男性の中に女性の声、女性の中に男性の声は誰にでも存在しております。

しかし一般的な社会生活の中では、ご自身のジェンダーと異なる声を使用しない傾向があるため、変性意識状態になると解放され、抑圧していた身心のレンジ（領域）が解放されてゆく現象が起こるのです。

このように言葉責めには脳の演出力を高める効果があるのです。従いまして、補助的にこれらの技術を高めることでセックス瞑想の精度を更に高めることが出来るのです。

LGBTQにおけるセックス瞑想

タントラやタオイズムなど従来のセックス瞑想の多くは、セックスマジックなどの例外を除くとその多くは男女の性行為を前提としたもので、LGBTQやセクシュアルマイノリティ、性倒錯といったいわゆるヘテロセクシュアル（異性愛者）以外の性行為、性的行為を排除したセックス瞑想が主流でしたが、本書のエントプティック＝オーガズム瞑想は神経科学に基づいたものであり、すべてのジェンダー、セクシュアルマイノリティ、性倒錯に絶大な効果を発揮出来るものになります。

本書のエントプティック＝オーガズム瞑想は、基本的には快楽ブーストであるエントプティック≒フォスフェンにより、【エロティック・アラウザル・パターン】（性的覚醒パターン）のイメージを増大させ、複数のオーガズムがブレンドされた状態を更に何倍も増幅させてゆく瞑想技法ですので、あらゆるジェンダーに対応したものになるのです。

ジェンダーごとに異なるのは【エロティック・アラウザル・パターン】になります。

ご自身にとっての究極の【エロティック・アラウザル・パターン】は何なのか？をイメージしていただき、エントプティック≒フォスフェンを発動させることが出来れば本書の瞑想を行う上での基本はほぼ押さえられたことになります。

後はその精度を高めてゆき、本書で紹介しました様々なエントプティック＝オーガズム瞑想に応用してゆけば良いのです。

また、無性愛（アセクシュアル）の方におけるセックス瞑想につきましても6章で解説してゆきます。

第2章のまとめ

◆セックス瞑想には、一人で行う右道的セックス瞑想とパートナーと行う左道的セックス瞑想とがある。

◆右道も左道も基本的にはオーガズム直前の【プラトー期】の快感を【エッジング】や【シーメン・リテンション】で維持し、視覚情報を単純化し、意識的に酸欠気味にすることで、超快感ブーストである神経科学的光【エントプティック≒フォスフェン】を発動させることがポイントである。

◆右道エントプティック=オーガズム瞑想で重要な【プリズナーズシネマ】(光の映画)の発動法は、目隠しと息を止める技法でステージ1の【エントプティック≒フォスフェン】を発動させ、ステージ1の格子パターンや振動パターンにひたすら集中することで発動する。その際に目隠しと息を止めることは引き続き行うようにする。

第2章のまとめ

【プリズナーズシネマ】の発動条件も目隠しと息を止めることが基本となる。

◆通常のエントプティック≒フォスフェン瞑想でのステージ1とステージ2の典型的なパターンは図2、図3のようになり、図2のステージ1に集中することでステージ2【プリズナーズシネマ】が発動してくる。更に【プリズナーズシネマ】は性的嗜好、【エロティック・アラウザル・パターン】（性的覚醒パターン）から様々に変化し、視覚的ビジョンのみならず、内部音（リアルな音）、香り、触覚、味といった様々なリアルなエロティックな感覚を発動させ、更にそれらが交錯してゆく現象も発動させてゆく。

図２
【エントプティック≒フォスフェン】のステージ１の典型的パターン

格子パターン　　振動パターン

図３
【エントプティック≒フォスフェン】のステージ２の典型的パターン

ヒーローのビジョン　　故郷のビジョン　　水中から外を見ているビジョン

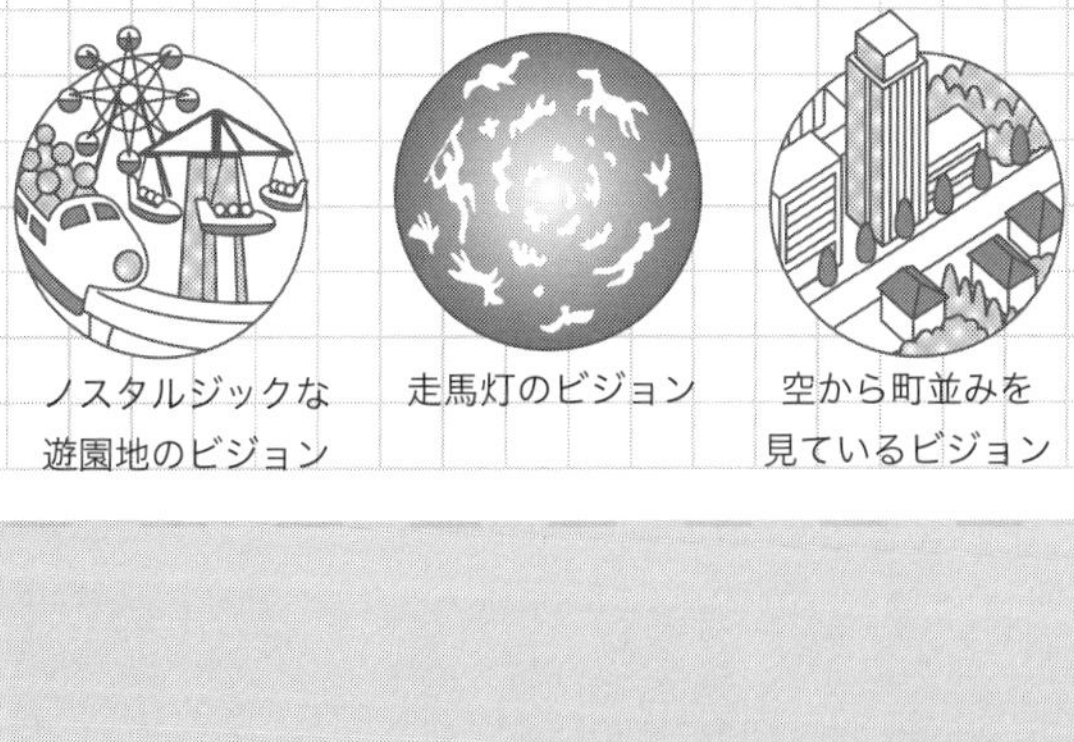

ノスタルジックな遊園地のビジョン　　走馬灯のビジョン　　空から町並みを見ているビジョン

◆左道エントプティック＝オーガズム瞑想は、基本的には長時間寛ぐことの出来る体位で行うようにする。図４は一例であり、必ずしもこの体位でなければならないわけではない。

また、倍音楽器、テンポ２００超えのドラムと低周波音などをＢＧＭにすることで音による変性意識を発動させる現象である【聴覚ドライビング】を発動させ、効果を高めることが出来る。

図４
エントプティック＝オーガズム瞑想

第3章

集団で行うグループセックス！
エンプティック＝オルギー瞑想の実践！

エントプティック＝オルギー瞑想とは？

3章では、集団で行うセックス瞑想について解説してゆきたいと思います。

世界各地のセックス瞑想には集団で行うグループセックス型のものも少なくありません。集団のセックス瞑想はいわゆる社会学でいうところの集団的沸騰やゾーンやフロー研究の草分け的な研究者であるチクセントミハイがいうところのグループフローに相当する現象が起こるため、エントプティック＝オーガズムの精度をより高める効果が期待出来ます。

また、【オルギー】いわゆるグループセックス瞑想にも右道的に1人でイメージで行うものと、左道的に実際にセックスを行うものとがあります。

エントプティック＝オルギー瞑想の特徴は基本的には効果が出る早さ、即効性です。

一般的な集団的沸騰やグループフローがそうであるように、集団での瞑想は効果が早く顕れる傾向があるのです。

皆さんもオリンピックやワールドカップあるいはＬｉｖｅやその他のスポーツ観戦で集団による高揚感というのを経験した方も少なくないと思いますが、エントプティック＝オルギー瞑想とは通常のエントプティック＝オーガズム瞑想に更に集団による高揚感が掛け合わされてゆき、その効果が倍増されてゆくものなのです。

イメージで行うエントプティック＝オルギー瞑想

右道的エントプティック＝オルギー瞑想もエントプティック≒フォスフェンのステージ2の状態である光の映画（プリズナーズシネマ）を使用してゆきます。

また、右道系の場合は特にご自身の性的嗜好、エロティック・アラウザル・パターン（性的覚醒パターン）の把握が必要になります。

本書の読者諸氏にはこういった方は少ないかと思いますが、基本的にはセックスやマスターベーションを惰性で行う方は右道的セックス瞑想には向かない傾向があります。

食事で例えるならばお腹が空いたから、何でもいいから食べるのではなく、常に最高の料理を食べ、最高の食事を心掛けている方は惰性で食事をする方の何倍もの効果を食事から得ることが出来ていることが神経科学的にも明らかになっているのです。すなわち美食、グルメは惰性の食事よりもエンドルフィンが放出され、食事が瞑想のような効果を発揮し、パフォーマンス能力を向上させるのです。また、実際に世界各地には食事による瞑想も存在しております。

要するにセックスのグルメ、マスターベーションのグルメである必要があるように思います。ご自身の性的嗜好、エロティック・アラウザル・パターン（性的覚醒パターン）を深く把握し、最高のエントプティック＝オーガズムを得られるように常に性に対して深い関心を持つことが重要なのです。

●右道的エントプティック＝オルギー瞑想の実践

では、右道的エントプティック＝オルギー瞑想を実践してゆきましょう。

まずは感覚遮断（目隠しまたは暗い部屋）の状態で、テンポ200超えのドラムとドラムの低周波音を聴きながら、息を長く止めてゆき、エントプティック≒フォスフェンのステージ1を発動させてゆきます。

ステージ1の格子パターンや振動パターンなどが発動しましたら、ステージ1のエントプティック≒フォスフェンをひたすら凝視してゆきます。

エントプティック≒フォスフェンが一瞬しか発動しない方もいらっしゃるかと思いますが、なるべく長時間エントプティック≒フォスフェンをキープ出来るように鍛錬してゆきます。

最低1分間は発動出来るようにしてゆきますと、側頭葉などの脳の記憶の貯蔵庫の記憶とエントプティック≒フォスフェンが交錯してゆく現象が起こり、プリズナーズシネマが発動してきます。

後は、２章で解説しましたように３人以上で行う理想的な性行為をイメージし、プリズナーズシネマに映し出してゆくようにしてゆきます。

また、基本的には、オーガズム直前の快感であるプラトー期を維持するエッジングやシーメン・リテンションを行い、絶頂に達することがないようにしてゆきます。

基本的には３日はプラトー期を維持してゆき、３日目に解放させるようにしてゆきます。

もちろん１日に行う時間は30分ほどで問題ありません。

エントプティック＝オルギー・オーガズムは基本的には通常のエントプティック＝オーガズム瞑想より更に上の快感が得られるものになるのです。

２人で行う!? 左道的エントプティック＝オルギー瞑想、～全身のあらゆるオーガズムについて～

グループセックス（オルギー）とは普通は３人以上のセックスを指します。

従いまして、2人で行うグループセックスというのは奇妙な言葉なのですが、プリズナーズシネマのテクニックを使用すれば、2人の空間にARのような効果をかけてゆくことが可能なのです。

要するに、にわかには信じがたいかもしれませんが、2人だけの空間にイメージ上の人物を登場させ、グループセックスに加えることが出来るのです。

また、我々は神経科学的に【セネストパチー】や【サトルボディ】と呼ばれるイメージ上の身体を超リアルに発動させることが出来るのです。これらのテクニックもエントプティック≒フォスフェンの応用により可能なものです。

このテクニックはパフォーマンスの世界でも有名で、大正時代のパフォーマンスの達人である辻潤や演劇メソードで有名なグロトフスキはこの神経科学的な身体技法を効果的に使っていたことで知られています。

【セネストパチー】のテクニックとは簡単に申しますと、実際には背中に羽が生えていなくても、まるで本当に羽が生えたように感じる現象のことです。

これも単なるイメージの段階を超えたリアルに羽を実感することが出来るのです。


従ってそのテクニックを応用してゆきますとリアルなイメージ上のパートナーを作り出し、そのイメージ上のパートナーとリアルなセックスをしてゆくことも可能であり、更に実際に挿入した感覚を得ることも可能なのです。この現象はにわかに信じ難いかもしれませんが、様々なエビデンスがあります。

オーガズム研究において著名な性科学者であるビバリー・ウィップルなどによる研究では【セネストパチー】やそれに類似した現象により性器以外のあらゆる身体の部位が性感帯に変わる現象が報告されています。


要するに脳の変容から身体のあらゆる箇所でオーガズムが発動するのです。

ビバリー・ウィップル等は性器はオーガズムの調整に適したものであるとしながらも、オーガズム機能は厳密には身体の全身にあることを示唆しているのです。

この事からもセックスを演出しているのは脳であるという、最先端のセクソロジー（性科学）の考えが実感出来るかと思います。

●左道的エントプティック＝オルギー瞑想の実践

では、左道的エントプティック＝オルギー瞑想を実践してゆきたいと思います。

左道的エントプティック＝オルギー瞑想におきましても、まずは通常のエントプティック≒フォスフェン発動の瞑想を2人で行います。

感覚遮断（目隠しまたは暗い部屋）の状態で、テンポ200超えのドラムとドラムの低周波音を聴きながら、息を長く止めてゆきます。

2人の瞑想が深まり、エントプティック≒フォスフェンのステージ1が発動してきましたら、ステージ1の格子パターンや振動パターンに集中してゆき、ステージ2のプリズナーズシネマを発動させてゆきます。

ここからはややコツが必要なのですが、プリズナーズシネマにご自身のエロティック・

アラウザル・パターン（性的覚醒パターン）を重ねてゆくことや、現実世界に交錯させてゆくようにイメージをしてゆきます。

そのようにイメージしてゆきますと夢と現実が交錯するかのような状態になり、ARのような現象や上述の【セネストパチー】の現象が起きてゆきます。

ここまでプリズナーズシネマや【セネストパチー】が発動しましたら、なるべく時間をかけてお互いの身体を愛撫してゆきます。

その際にプリズナーズシネマや【セネストパチー】においても愛撫のイメージを行うことで、イメージ上の人物による性的な刺激により、お互いの様々な身体の部位が刺激されてゆきます。

この一連の流れに十分な時間をかけて行うことが重要です。

雑に行わず丁寧に名人クラスの職人のように行います。基本的には優れたセックスワーカーの方は一般の方がイメージする以上に遥かに良い意味において職人的です。

愛撫の一つ一つの動き、感覚、相手の反応、プリズナーズシネマや【セネストパチー】のイメージによく意識を研ぎ澄まして行なってゆきます。

十分に愛撫が出来たら、ゆっくりと挿入してゆきますが、2章同様に以下のようなポイントに注意しながら性行為を行います。

・ピストン運動を殆ど行わず、オーガズム直前の快楽であるプラトー期を持続させるようにしてゆきます。
・エントプティック＝オルギー瞑想においても視覚情報を遮断するか、視覚情報を単純化することが重要です。目隠しをする、または視覚情報を単純化してゆくように相手の目をじっと見つめるなどを行ってゆきます。
・エントプティック＝オルギー瞑想におきましても可能な限り呼吸を静かに（息を止め気味）あるいは逆に呼吸を激しくしてゆきます。（過換気呼吸法）を行い、意識的に酸欠気味にしてゆき、血中の二酸化炭素濃度を高めてゆきます。

上記の条件を満たした上でエントプティック＝オルギー瞑想も3日間かけて行います。こちらも3日間ずっとエントプティック＝オルギー瞑想を行うわけではなく、性行為、瞑想の時間は1日30分ほどで問題ありません（124ページ図5を参照）。

1日目、基本的には楽な体位で、騎乗位、側位、座位などのいずれかで挿入し、30分殆ど動かすことなくじっとしています。

また、プリズナーズシネマや【セネストパチー】にイメージを重ねてゆきますと、イメージ上の人物による性的な刺激により、全身の各部位に様々な性的な刺激を与えてゆくことが可能になります。

また、これまでと同様にたまにゆっくりとした動きを加えても問題ないですが、基本的にはオーガズムに達しないようにピストン運動は殆ど行いません。

2日目、1日目と同様の方法で30分行いますが、1日目以上にオーガズムに達しないように気をつける必要があります。

また、イメージ上の人物を増やし、イメージ上の人物同士によるセックスにより、より場を沸騰させてゆくことも行えると尚良いでしょう。

3日目、究極の【エントプティック＝オルギー・オーガズム】が発動されてゆきます。3日目ではプリズナーズシネマや【セネストパチー】へのイメージを更に活発化させ、エロティック・アラウザル・パターン（性的覚醒パターン）を思う存分解放させてゆきます。また、3日目はピストン運動を取り入れて問題ありません。2章と同様にプラトー期を維持するエッジングやシーメン・リテンションを段階的に解除してゆき、絶頂に達するようにしてゆきます。

【エントプティック＝オルギー・オーガズム】は、プリズナーズシネマ、【セネストパチー】、【オルギー】（グループセックス）が交錯してゆく瞑想のため、これまでより、更に複雑かつ玄妙なオーガズムが発動してゆくのです。

オルギー瞑想（グループセックス瞑想）は実現可能なのか？安全性は？

実際にグループセックスを行う左道的オルギー瞑想に関しましては、おそらくは多くの方に疑問があるかと思います。

グループセックスなんて簡単に出来るものなのか？グループでセックス瞑想が実際に出来るのか？といった疑問です。

オルギー瞑想が理論として理解出来ても、セックス瞑想に理解のある方を複数人集めるのは難しいのではないのか？

そもそもグループセックス自体が中々実現が困難なのではないのか？ということです。

まず、オーソドックスなグループセックスを行うのは、そんなに難しいことではありません。

グループセックスは３Ｐも含まれますので、意外に思われる方もいらっしゃるかもしれませんが、一般的に3Pを経験されている方は相当数いらっしゃることが、解っております。

ただし、通常のセックスとは異なるセックス瞑想で3Pやグループセックスを行うとなると、やはりハードルは高いでしょう。

はっきり申し上げますと、基本的には、オルギー瞑想（グループセックス瞑想）を行うことは、一般的にはかなりハードルが高いように思います。

しかしハードルは高いですが、実現不可能ではありません。グループセックス瞑想を実現させるには、ひとまず読者諸氏がエントプティック＝オーガズム瞑想を熟知し、エントプティック＝オーガズム瞑想のテクニックをある程度使いこなせるようになることです。

また、オーソドックスな3Pあるいはグループセックスの経験を持つことです。

この2つの条件を満たしていけば、すくなとも3P、4Pあたりのグループセックス瞑想自体はそれほど実現不可能なことではないのです。

グループセックスのメンバーはどうすれば集まるのか？

昨今は、グループセックスのサークルやＳＮＳ、ハプニングバーなどでグループセックスを行える場もかなり増えてきているように思いますが、掲示板などでの呼びかけには危険なものもあるらしいので注意が必要だと言えます。

ただし、上記のような方法よりもオーソドックスな方法は基本的には先ずはセックスフレンドを作り、その上で別のセックスフレンドを紹介し合うなどがひとまず簡易なグループセックス（３Ｐ）を行う安全性の高い方法だと言えます。

相手の性格やセックスフレンドとの関係性にもよりますが、何度かプレイを行ってゆく中で、「3Pしたいね」みたいな流れは、よくありますので、その流れから3Pを行うことはさほど難しくはないように思います。

3Pなどを何度か繰り返して行うことができ、その流れの中でセックス瞑想やエントプティック＝オーガズム瞑想についてを話題に出してゆく中で、興味を持ってもらえれば、3Pでのエントプティック＝オーガズム瞑想を行うことが出来るのです。

基本的にはエントプティック＝オルギー瞑想を行うためには、性を探究しているようなタイプの方々と数多くのプレイをこなしてゆくことに限ります。

1人や2人、10人、20人の経験では、中々そうした方、複数人に出会うのは難しいかもしれませんが、数多くの人とセックスを経験してゆけば、様々なセックスに出会い、様々な性的嗜好、様々なエロティック・アラウザル・パターン（性的覚醒パターン）の方に出会います。

世の中には様々な性の考え方があり、性の悩みがあり、性への葛藤があることを知ってゆけます。

そうした性の探究者や性の達人たちとの出会いを重ねてゆき、自らの性の技芸を鍛錬してゆく中でエントプティック＝オルギー瞑想を行える機会は必ずあります。


また、そのような性の探究者にとってその実現はさほど難しいことではないのです。

この世界にはまだまだ隠れた未知の性の探究者、未知の性の達人がいるはずです。

そうした未知の性の達人たちとの出会いを重ねてゆき、素晴らしいエントプティック＝オルギー瞑想を行っていってください。

ポリアモリーとフリーセックス

現代の日本において複数人のパートナーをそれぞれのパートナーから理解を得た上で交

際してゆくポリアモリーという概念はまだ殆ど知られていないように思いますが、ポリアモリー的な考えや行動を取っている潜在的なポリアモリーの方は増えてきている印象があります。

いわゆるモノガミーへと向かうロマンティックラブイデオロギーのみが唯一正しい恋愛とする風潮にも変化があるように思います。

要するに1人の人を愛し、結婚し生涯を共にするという考え方以外にも複数人のパートナーをそれぞれのパートナーから理解を得た上で交際してゆくというポリアモリー的な考えが広まってきているのです。

かつて60年代のヒッピームーブメントにおけるフリーセックスやフリーラブの思想はポリアモリーのアーキタイプ的な思想ではありますが、現代におけるポリアモリーとはかなり異なる印象かと思います。

一般的にポリアモリーはパートナーとの絆が浅くなると思われがちですが、実際はポリアモリーはパートナーとの結びつきが深い傾向があります。

未だにロマンティックラブやモノガミー（一夫一婦制）といった1人のパートナーを常識とする風潮が強い中で、ポリアモリー的な考え方を認め合うのですから、絆はむしろ深まる傾向があるのです。

恋愛に対する考え、セックスに対する考え方は様々です。それらを受け入れ、深めることで脳はセックス瞑想の演出家としての力を最大限発揮してゆき、エントプティック＝オーガズムを発動させてゆくのです。

オルギー（グループセックス）の効果 ～グループ全体がゾーンに入る！グループフロー状態とは？～

エントプティック＝オルギー瞑想の効果はブレンドオーガズムの快感を倍増させるエントプティック≒フォスフェンの発動以外にも、いわゆる精度の高いグループフローを発動させることが出来るという効果があります。

グループフローとは前述しましたようにチーム全体がアスリート業界などで有名なゾーンに入ることを申します。

ゾーンを主題にした漫画の代表格とされる週刊少年ジャンプの『黒子のバスケ』におきましてもチーム全体がゾーンに入るダイレクトドライブゾーンが描かれましたが、あれと殆ど同じ現象は現実にも発動させることが可能だということは、社会学者のデュルケムやポジティブ心理学のチクセントミハイなどが証明しております。

また、『黒子のバスケ』のゾーン描写は目から光がスパークし、プレイヤーがオーラを纏《まと》い超高速で走るなど、現実離れしたバスケ漫画だと一般的に思われておりますが、むしろ精度の高いゾーンの内的体験の描写とするならばかなり正確な表現だと筆者には思えます。

要するに目から火花はエントプティック≒フォスフェンの発動の描写であると解釈出来ます。実際にゾーン研究の草分けの1人とされるマイケル・マーフィーは精度の高いゾーンではエントプティック≒フォスフェンの発動が起こることを報告しておりますし、超高速移動もまた、神経伝達物質であるアドレナリンは時間感覚に影響を与えることが知られており、ゾーン時のアドレナリンの放出は銃弾さえ止まって見えるとする報告があるのです。

そしてエントプティック＝オルギー瞑想によるグループフローは、ゾーン研究の権威であるチクセントミハイなどが捉えていたグループフローよりも遥かに精度の高いものなのです。

古代において乱婚や乱交がメインであったとする研究をしたモルガンやバッハオーフェンなどによる仮説は現在、アカデミズムのメインストリームでは否定されている傾向がありますが、アカデミズムのメインストリームというのは基本的には品行方正であり、性に対して抑圧的な傾向はあるかと思います。

学問というものも客観的なもののようでいて、新科学哲学が指摘してきたように実は観察者の視点がかなり影響するものです。

自然界の中でも最も多彩な性行動を行うことで知られるボノボなどを見てゆきますと人類のかなり古い段階で乱交や乱婚的な状態はあった可能性は高いように思いますし、最先端の先史セクシュアリティ研究においても乱交、乱婚的であった可能性が示唆されております。

人類学を含めて、セクシュアリティ研究にはまだまだフロンティア（未開な領域）があります。

民俗学も人類学もメインの研究者の方達は性の問題は意図的に避けてきたわけですから、これまでのセクソロジー研究やセクシュアリティ研究を総括的に捉えてゆきますと原初のセックスは一般の方達の想像を遥かに超えたものであることは明白であるように思うのです。

そして、少なくとも乱交、乱婚は変性意識の術として見た際には、とてつもない変容効果があることは神経科学的に考えても明白なのです。

グループセックスの危険性

グループセックスの最大の危険性はやはり性感染症のリスクです。

そもそもかつての1960年代以降の性革命が下火になった原因はHIV/AIDSの流行によるものですし、これまでにも性感染症により、セックスの文化が打撃を受けてきた例には枚挙にいとまがありません。

また、規模が大きめなグループセックスに関しましては、グレーゾーンになりますので、基本的にはかなり注意していただきたいと思います。

最悪の場合、公然わいせつ罪や売春防止法違反になる可能性もあります。

基本的には、信頼出来るパートナーからの紹介から徐々に3P、4Pを行うことをお薦めいたします。

グレーゾーンの領域を行う際には、あくまでも自己責任でお願いいたします。

本書はその瞑想効果の高さは認めますが、社会的には読者諸氏のリスクに繋がる可能性もやはりありますので、身近なセックスフレンドとの３Ｐ、４Ｐあたりまでを推奨したいと思います。

その他のエントプティック＝グループフロー瞑想

３章の最後にセックス瞑想ではない、瞑想によりエントプティック＝グループフローを発動させてゆく瞑想法を紹介してゆきたいと思います。

歴史家の権威であるウィリアム・Ｈ・マクニールは、現在最高のグループフロー効果を持つ瞑想は、実は軍事訓練であるとしております。

しかもその効果は人類史上最高の瞑想とされる石器時代の瞑想に匹敵すると示唆しているのです。

実際に軍事訓練でエントプティック≒フォスフェンが発動したとする報告は多々あり、また軍事訓練を瞑想にアレンジしたものにおきましてもエントプティック≒フォスフェンの発動、究極のグループフローであるエントプティック＝グループフローの発動も可能なのです。

以下のようなメソードは軍事訓練を瞑想にアレンジした代表的なものになります。リーダーとメンバーが向き合った状態になり、すべてのメンバーは、感覚遮断（目隠しをした状態）の状態で、テンポ２００超えのドラムとドラムの低周波音を聴きながら、首を左右に素早く振りながら以下の言葉をリズミカルに絶叫してゆきます。

リーダー「番号！」
メンバー「いち！に！さん！しー！ご！ろく！しち！はち！きゅう！」
リーダー「番号！」
メンバー「いち！に！さん！しー！ご！ろく！しち！はち！きゅう！」

リーダー「番号！」

メンバー「いち！に！さん！しー！ご！ろく！しち！はち！きゅう！」

上記の流れを何度も繰り返してゆきます。首を左右に振る時は首に負担がかからないように気をつけて行ってください。また、首がきつい方は、首は振らなくても問題ありません。

この流れをを行ってゆくことで、エントプティック≒フォスフェンがチーム全体で発動してゆき、エントプティック＝グループフロー状態が発動してゆきます。企業やチーム全体のレベルを抜本的に改善したい場合に効果の高い瞑想メニューになります。

もちろん企業全体でエントプティック＝オルギー瞑想を行えばとてつもないエントプティック＝グループフローが発動してゆきますが、現実的に難しい場合が殆どかと思いますので、こうしたセックス瞑想以外の方法によるエントプティック＝グループフローであれば問題なく実践可能かと思います。

4章では、こうしたセックス瞑想以外のエントプティック≒フォスフェン瞑想やオーガズム、パフォーマンス能力を高めてゆくボディワークや身体訓練法、また、マルチプルオーガズムの要になるPC筋のトレーニングを紹介してゆきたいと思います。

そして5章ではエントプティック＝オーガズム瞑想の奥義中の奥義を紹介してゆきますので、読者諸氏の瞑想力、セックス力はまだまだ高まり続けてゆくのです……。

第３章のまとめ

◆エントプティック＝オルギー瞑想（グループセックス瞑想）では、右道も左道もプリズナーズシネマ、【セネストパチー】の発動とエロティック・アラウザル・パターン（性的覚醒パターン）の把握が重要になる。

◆エントプティック＝オルギー瞑想は、視覚情報の単純化と息を止める技により、プリズナーズシネマ、【セネストパチー】による【オルギー】のイメージを発動させた上で、それを現実と交錯させてゆき、エッジングやシーメン・リテンションを行い、オーガズム直前の快楽であるプラトー期を持続させるようにしてゆく。（図５　エントプティック＝オルギー瞑想）

図5
エントプティック＝オルギー瞑想

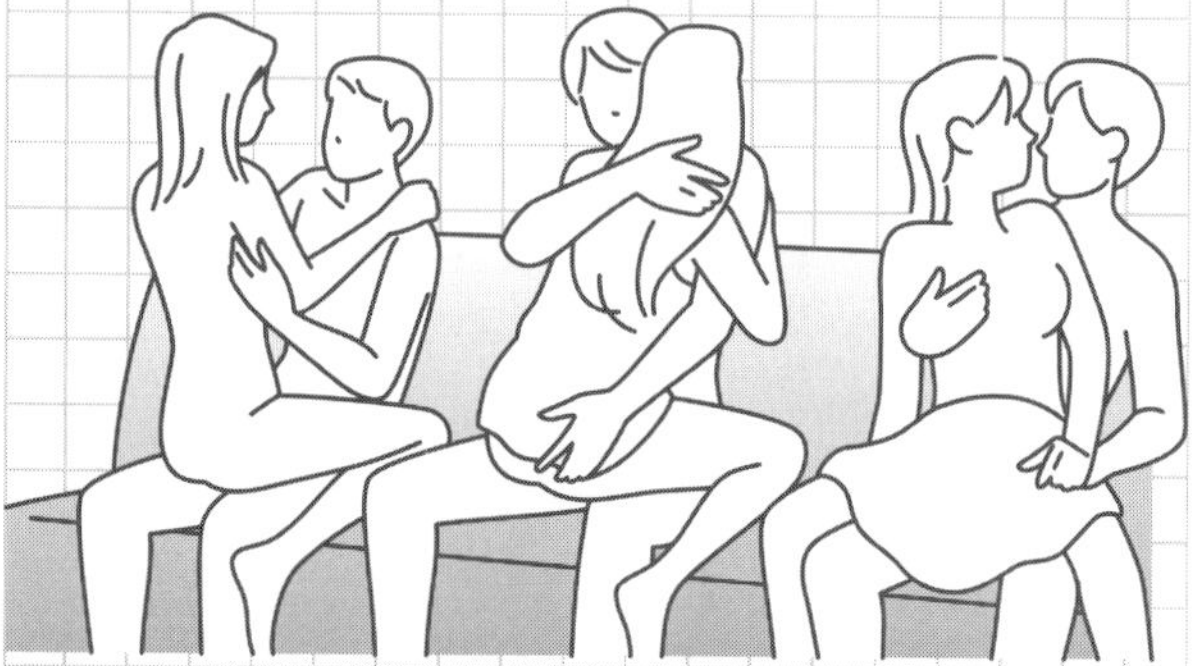

◆エントプティック＝オルギー瞑想（グループセックス瞑想）ではチーム全体がゾーンに入るグループフローが発動してくる。

第4章

エラノス瞑想理論の奥義！神経科学的光の瞑想（エントプティック≒フォスフェン瞑想）と筋肉の鎧を解放させるライヒ系ボディワークとマルチプルオーガズムの鍵！PC筋のトレーニング

エントプティック≒フォスフェン瞑想とライヒ系ボディワークとマルチプルオーガズムの鍵！ＰＣ筋のトレーニング

４章では、主にエントプティック＝オーガズム瞑想をサポートしてゆくメソードを行ってゆきたいと思います。

主にセックス瞑想以外のエントプティック≒フォスフェン瞑想とオーガズムを高め、パフォーマンス能力を高めてゆくボディワーク、そしてマルチプルオーガズムやブレンドオーガズムのために重要と考えられている筋肉、ＰＣ筋のトレーニングを実際に行ってゆきたいと思います。

この章のメソードによりエントプティック＝オーガズム瞑想はより完全なものになってゆきます。やりやすいメソードから無理のない範囲で徐々に取り組んでいってください。

オーガズムの快感を倍増させる神経科学的光～エントプティック≒フォスフェン～

神経科学的な光であるエントプティック≒フォスフェンを発動させることはオーガズムやブレンドオーガズムを通常の数十倍～数千倍あるいは無限に快感を高めることが出来ることが可能なことは、これまで解説してきた通りです。

エントプティック＝オーガズム瞑想はエントプティック≒フォスフェンを発動させるための究極の奥義と言える瞑想技法ですが、ここでは、エントプティック≒フォスフェンを発動させるその他の様々な方法を紹介してゆきたいと思います。

エントプティック≒フォスフェンだけでも発動出来るようになれば、脳内のエンドルフィンやドパミンは強力に放出され、通常のマスターベーションやセックスでもオーソドックスなブレンドオーガズムの数段上の快楽にまで高めることが出来ます。

また、エントプティック≒フォスフェンの精度を高めればサマーディや悟りの原型から悟り以上の身心のレンジ（領域）が発動されてゆきます。

神経科学におきまして、サマーディや悟りはシードと呼ばれるエントプティック≒フォスフェンのクオリティを高めたものであることが解っているのです。

世界中のすべての瞑想やセックス瞑想の究極の目的はエントプティック≒フォスフェンを発動させ、その精度を高めることにあるということこそエラノス会議が発見したことなのです。

エントプティック≒フォスフェン発動のための瞑想法

エントプティック≒フォスフェンの発動のための瞑想法には様々なバリエーションがありますが、基本は以下の条件を満たすことです。

・感覚遮断（視覚情報を遮断する。あるいは視覚情報を単純化する）

・意識的酸欠（息を止める、過換気呼吸などの激しい呼吸を行う）
・血中の二酸化炭素濃度の増加

これらの条件を満たし、エントプティック≒フォスフェンを発動させてゆく様々な瞑想を実践してゆきましょう。

●エントプティック≒フォスフェン瞑想１（感覚遮断と息を止める）

では、一番ベーシックなエントプティック≒フォスフェン瞑想からはじめてゆきます。

一番ベーシックなエントプティック≒フォスフェン瞑想は、真っ暗な部屋あるいは目隠しをした状態で長く息を止めるエントプティック≒フォスフェン瞑想です。

真っ暗な部屋で眉間または胸のあたりに光をイメージしながら、目を閉じた状態で鼻からゆっくりと息を吸い、30秒～1分以上息を止めてゆきます。長く息を止めたらゆっくりと鼻または口から息を吐きます。ある程度息を吐いたら、再度息を長く止めてゆきます。

これを1セットとして、5分~15分以上行ってゆきます。

また、息を止める際には肛門括約筋に力を入れることで長く息を止めやすくなります。この瞑想を長く行ってゆきますとイメージの光が、次第にリアルな光であるエントプティック≒フォスフェンに変化してゆきます。

エントプティック≒フォスフェンの発動はかなり衝撃的なものになります。人によっては、それで悟りを開いた!と慢心してしまうほどにインパクトの強いものですが、この段階のエントプティック≒フォスフェンはまだまだ初歩的なエントプティック≒フォスフェンであり、これの精度を高めてゆくことで、悟りや更にその先の領域が発動してくるのです。

●エントプティック≒フォスフェン瞑想2(過換気呼吸の瞑想法~アドレナリン型瞑想とセロトニン型瞑想)

激しい呼吸の瞑想すなわち過換気呼吸瞑想は、3万年以上前から存在する強力な瞑想で、世界各地の先住民の瞑想やシャーマニズムにおける典型的な変性意識状態の発動法でもあります。

また、一般的に過換気呼吸の有名なメソードには、ホロトロピック・ブレスワークやチベットのツンモ呼吸法などがあります。

過換気呼吸も意識的な酸欠になることでエントプティック≒フォスフェンを強力に発動させてゆく効果があります。

真っ暗な部屋あるいは目隠しをした状態で、素早く鼻で息を吸い素早く口あるいは鼻から息を吐きます。これをひたすら素早く繰り返してゆきます。

また、ＢＧＭにテンポ２００以上のドラムを流していただき、ドラムの低周波音を聴くようにすると効果が高まります。

こちらも長く行ってゆくとエントプティック≒フォスフェンが発動してゆきます。

しかし、この瞑想はアドレナリン社会と呼ばれる現代社会では一般的に注意が必要ともされております。

激しい呼吸はアドレナリンやノルアドレナリン、コルチゾールあるいは扁桃体を活性化させてゆきますが、現代社会では一般にアドレナリン過多になりやすく、かえって身心のバランスを崩してしまう恐れがあるからです。


しかし、先住民の瞑想ではセロトニンを分泌させてゆくような静かに息を長く吐く瞑想もセットで行う場合が多く、セロトニン型瞑想を取り入れることで過換気呼吸などのアドレナリン型瞑想によるバランスの崩壊を予防し、安全に行うことが出来るのです。

セロトニン型瞑想は、目を閉じた状態で息を長く「スーッ」と吐いてゆきます。基本的には30秒から1分以上息を吐くようにしてゆきます。ポイントは吸う時間より吐く時間を長くすることです。これを1セットとして何度も繰り返してゆきます。

この瞑想でセロトニンが分泌されてゆきます。

セロトニンは神経伝達物質の演出家のような役割をしていると考えられており、セロトニンが分泌されることで、脳全体のバランスを整えてくれるのです。

●エントプティック≒フォスフェン瞑想３（ドラムのリズムと低周波音、カラードノイズ、倍音、ハイパーソニックサウンド）

前述しましたように、エントプティック≒フォスフェン発動には、ドラムのリズムや倍音、ノイズ、超高周波音なども有効なことが解っております。

ここでは、これらのドラムや倍音によるエントプティック≒フォスフェン瞑想を行ってゆきましょう。

真っ暗な部屋または目隠しをした状態で、ＢＧＭにテンポ２００超えのドラムと倍音楽器（和楽器や民族楽器）を流してゆきます。

また、長く息を止めてゆくと効果が倍増されます。１セット30秒〜1分以上無理のない範囲で息を止めてゆき、5分～15分以上行ってゆきます。

この瞑想も強力な瞑想であり、エントプティック≒フォスフェンが発動されてゆきます。

また、尺八などの倍音楽器にはハイパーソニックサウンドと呼ばれる2万Hzを超える超高周波が含まれており、これも脳の血流に影響を与え、変性意識状態を発動させる効果が高いのです。

倍音楽器をピンクノイズやホワイトノイズなどのカラードノイズに変えても同様の効果を得ることが出来ます。また、ドラムの低周波音にも変性意識を発動させる効果が確認されていることも前述しました通りです。

●エントプティック≒フォスフェン瞑想4（スピーキング・イン・タングズ瞑想）

スピーキング・イン・タングズ（グロソラリア）とは、本来は変性意識状態で発せられる言葉を指しますが、ここではめちゃくちゃな言葉を発してエントプティック≒フォスフェンを発動させてゆくことを指したいと思います。

真っ暗な部屋または目隠しをした状態でテンポ２００超えのドラムとドラムの低周波音を聴きながら、めちゃくちゃ言葉をひたすら発してゆきます。「ガパラサイキョンキュンチャンメンナイギャードンジャンビン!!」と意味のない言葉を狂ったように発してゆきます。

なるべく一息で長く発声してゆくことで、意識的酸欠状態と血中二酸化炭素濃度を高めることが出来、それに伴いエントプティック≒フォスフェンが発動してゆきます。

●エントプティック≒フォスフェン瞑想5（しゃっくり・痙攣・あくびの瞑想）

先住民の瞑想やシャーマニズムの奥義にはしゃっくりの瞑想があります。

この瞑想も3万年前から行なわれてきた超強力な瞑想です。

激しいしゃっくりを連続して行なうことが変性意識状態を発動させてゆくのです。

また、痙攣やあくびを加えてゆくことでも変性意識の発動を補うことが出来ます。

真っ暗な部屋または目隠しをした状態で、テンポ２００超えのドラムとドラムの低周波音を聴きながら、何度も人をイラつかせるようなわざとらしいあくびをしてゆきます。数分あくびを行いましたら、今度は身体全体を痙攣させてゆき、何度も激しいしゃっくりを素早く行ってゆきます。

しゃっくりは息を吸うように発声してゆくと上手く出来ます。

これらをひたすら繰り返し行ってゆきますとエントプティック≒フォスフェンが発動してゆきます。

●エントプティック≒フォスフェン瞑想６（視覚情報を単純化する瞑想と注意力の分割の瞑想）

船や飛行機で長時間、海や空を見ることでもエントプティック≒フォスフェンが発動されることは報告されております。

エントプティック≒フォスフェンは視覚情報を遮断するか、視覚情報を単純化することで発動してゆきますので、ここでは視覚情報を単純化する青空を観る瞑想を行ってゆきましょう。

また、重要な瞑想の技法である注意力の分割の瞑想を併せて行ってゆきます。

注意力の分割とは青空に集中することと同時に自分自身の心の内奥にも集中してゆくテクニックです。

ただし注意力が分散されて半々になるのではなく、最高レベルの集中が空と心の内奥に向かうようにしてゆきます。

これによりパフォーマンスやビジネススキルに必要なマルチタスクな能力を養うことが出来ます。

パフォーマンスも演劇理論において、世阿弥の離見の見や目前心後、ディドロの典型表現型、千田 是也の役の上に型など注意力を分割してゆくテクニックの重要性を表すテクニカルターム（専門用語）がありますが、その究極型はこのような注意力の分割の瞑想で鍛錬されてゆくのです。

太陽を背にした状態で青空をひたすら見てゆきます。
その際に青空への集中と自分自身の心の内奥への集中を同時に行ってゆきます。
普通、心の内奥に集中すると青空への集中が途切れてしまい、青空への集中を行うと、心の内奥への集中が途切れてしまう傾向がありますが、
2つの集中を同時に行えるようにしてゆきます。

これをひたすら繰り返し行ってゆきますとエントプティック≒フォスフェンが発動してゆきます。

●その他のエントプティック≒フォスフェン発動法と瞑想のリスクについて（魔境、禅病、シュード・ニルヴァーナ、クンダリニー症候群、偏差について）

エントプティック≒フォスフェンを発動させる瞑想を紹介してきましたが、他にもエントプティック≒フォスフェンを発動させてゆく方法はあります。

以下も科学的に効果が実証されているエントプティック≒フォスフェン発動法や発動条件になります。

暗闇で眼球を軽く押す、暗闇で目を擦る、風邪などで高熱を出した時、片頭痛、頭をぶつけた時、42時間睡眠をとらない、時差ボケ、ドパミン、エンドルフィン、ＰＥＡ、過度な疲労、ビタミン不足、低血糖状態、空腹、苦痛、スリル……

この中で、42時間睡眠をとらないや過度の疲労などの身心に負担のかかるものもエントプティック≒フォスフェンを発動させる効果はありますが、身心に負担のかかる発動方法に関しては、魔境や禅病、シュード・ニルヴァーナ、クンダリニー症候群、偏差などと呼ばれる古くから知られている瞑想の副作用のような状態を引き起こしてしまう可能性があり、注意が必要です。

これらの状態は脳のバランスを崩し、身心に様々な不調が出ることが報告されているため、一般的に魔境やシュード・ニルヴァーナ、クンダリニー症候群というのはマイナス面ばかりが注目され、価値のないものとされる傾向もありますが、必ずしもそうではなく、

ＴＰ心理学などが指摘しているように成長の過程やあるいは魔境などの際に脳のパフォーマンスが一時的に高まっている場合も多いのです。

言わば漫画やアニメでの諸刃の剣の技のようなものなのです（強大な力を得る代わりに自らにも多大な負担のある必殺技。例えば『ＮＡＲＵＴＯ』の八門遁甲、『ＯＮＥ ＰＩＥＣＥ』のギア２、『ドラゴンボール』の界王拳など）。

もちろん慢性的に身心を崩してはいけませんので、基本的には負担がかからないようにしてゆくことが重要です。

前述しましたように息を吐くことを重視し、副交感神経を優位にさせるセロトニン型の瞑想と激しい呼吸や息を吸うことを重視し交感神経を優位にさせるアドレナリン型の瞑想とのバランスを取りながら行う必要があるのです。

ＴＰ心理学などが指摘してきたように、魔境などの状態は厳密にはその状態そのものが問題なのではなく、その状態に固着してしまうことが問題なのです。

実際に瞑想の達人の精神状態と魔境の状態に類似性があることはこれまでにも数多くの

研究者からの指摘があります。

しかし、瞑想の達人は魔境状態に固着することはないのです。

瞑想の達人や先住民の瞑想では昨今ＳＳＣと呼ばれる概念がありますが、これは、瞑想の達人やシャーマニズムの達人は自在に様々な意識の状態に変容出来るとする考え方です。

要するに瞑想も神経伝達物質のバランスに気を配りながら行うことで魔境に固着することなく、安全に行うことが可能なのです。

エントプティック≒フォスフェン・ステージ２の瞑想（プリズナーズシネマ発動の瞑想）

エントプティック≒フォスフェンには、三段階のステージがあることはすでに解説しましたが、ここではステージ２のプリズナーズシネマの発動法を改めて詳細に見てゆきましょう。

ステージ2を発動させるためには、ステージ1で発動するエントプティック≒フォスフェンのパターンである格子パターンや振動パターンの精度を上げて、極めてゆく必要があります。

また、ステージ1の発動の確率や発動の持続時間を上げてゆく必要があります。

皆さんの中にはステージ1のエントプティック≒フォスフェンが発動したけれど、一瞬しか発動しない方やあるいは、発動したり発動しなかったりと発動の確率が不安定である方もいらっしゃるかと思いますが、これらの発動の確率と発動の持続時間を高めることが、ひとまず重要な課題になります。

基本的には、遮光性を高めること、息を止める時間を可能な限り長くすること、瞑想時間を長くすることをより徹底していただければ、発動の確率、発動の持続時間、そして精度が高められます。

これらの条件を徹底していただければ、まず発動しないはずはありませんし、確率や持続時間が上がらないはずはないのです。

ステージ1の精度が上がらないのは、基本的には上記の条件が十分に満たされていない可能性が極めて高いのです。

このステージ1の精度が極まりますと、側頭葉などの脳の記憶の貯蔵庫とエントプティック≒フォスフェンが結びつき、光の映画と呼ばれるプリズナーズシネマが発動してゆきます。

また、プリズナーズシネマにも典型的なパターンがあり、主に水中から外を見ているビジョン、空から町並みを見ているビジョン、ノスタルジックな遊園地のビジョン、走馬灯のビジョンあるいはヒーローのビジョン、故郷のビジョンなどがあります。

●エントプティック≒フォスフェン・ステージ2の瞑想（プリズナーズシネマ発動の瞑想）の実践

暗い部屋または目隠しをした状態でテンポ２００超えのドラムとドラムの低周波音を聴きながらなるべく長く息を止めてゆきます。（30秒～1分以上）

エントプティック≒フォスフェンが発動してきましたら、エントプティック≒フォスフェンを凝視して光が消えないようにしてゆきます。

光が消えてしまった場合も良く集中すると光の欠片のようなものが残っている場合がありますので、その光の欠片を凝視し、集中してゆきます。しばらくすると再びエントプティック≒フォスフェンが発動してきます。

後はエントプティック≒フォスフェンを凝視し、発動時間を最低でも1分間、出来れば5分～10分発動出来るように鍛錬してゆきます。

そのようにしてゆきますとエントプティック≒フォスフェンが脳の記憶の貯蔵庫と結びつきはじめプリズナーズシネマが発動してゆくのです。

プリズナーズシネマが発動してきたら、プリズナーズシネマに集中してゆきます。

エントプティック≒フォスフェン・ステージ３への移行部の瞑想（格子トンネルの瞑想）

エントプティック≒フォスフェンは３段階のステージと申し上げましたが、実はステージ２とステージ３の間に特徴的なパターンが存在しており、これをステージ３への移行部と申します。

ここではこのステージ３への移行部の発動法を解説してゆきたいと思います。

基本的には、ステージ２のプリズナーズシネマに集中し、プリズナーズシネマの精度を高めてゆきますと、赤色の回転する格子模様のトンネルが発動してゆきます（１７４ページ図６を参照）。

この光の格子模様のトンネルがステージ３への移行部の典型的なパターンなのです。

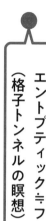

更にこのステージ3への移行部の精度を極めてゆきますと至高中の至高の領域とされるアルティメット・ステージ（ステージ3）が発動してくるのです。

●エントプティック≒フォスフェン・ステージ3への移行部の瞑想（格子トンネルの瞑想）の実践

真っ暗な部屋または目隠しをした状態でテンポ200超えのドラムとドラムの低周波音を聴きながら、息を長く止めてゆきます。

ステージ2のプリズナーズシネマが発動しましたら、それを凝視してゆきます。

プリズナーズシネマの精度が極まりますと、ステージ3への移行部である回転する赤色の格子模様のトンネルが発動してゆきます。

この格子トンネルパターンも凝視してゆきますが、ここでは呼吸法を逆流呼吸法に変えてゆきます。

逆流呼吸法とは、回転する格子トンネルの回転にあわせるように呼吸する方法であり、また中々ステージ3への移行部が発動しない場合にもこの逆流呼吸法を行うことでステージ３への移行部が発動しやすくなります。

逆流呼吸法は、鼻から息を吸いながら尾てい骨から身体の背面を通り光が頭頂に達し、更に息を吐きながら頭頂の光が身体の前面を通り下腹部まで降りてくるという光を回転させるイメージをしながら呼吸をしてゆくという技法です。

これによりステージ３への移行部の精度は高まり、至高中の至高の領域であるアルティメット・ステージ（ステージ３）が発動してくるのです。

筋肉の鎧の理論
～身体のこわばりがオーガズムを抑圧する!?～

エントプティック≒フォスフェンの精度の高め方の基本的なメソードを紹介してきましたが、いわゆる狭義のエントプティック＝オーガズム瞑想だけでもこれらの発動はもちろん起こります。

しかし、これらのメソードも補助的に行うことで、よりエントプティック＝オーガズムの精度を高めてゆくことが出来るものなのです。

ここでは、もう一つ補助的に行うとエントプティック＝オーガズム瞑想の精度を高めてゆけるメソードを紹介してゆきたいと思います。

性を解放したとされるフロイトやキンゼイ、D・H・ロレンスの小説『チャタレイ夫人の恋人』などと並び称される性革命の代表的な人物にヴィルヘルム・ライヒがおります。

性の革命における中心人物の1人でありましたヴィルヘルム・ライヒは、性を抑圧すると身体が硬くなり、心身のあらゆる不調の原因になると説きました。

オーガズムを十分に感じられない方は、ライヒが説くところの【性格の鎧】（心理的な抑圧）や【筋肉の鎧】（筋肉のこわばり）が邪魔をしている場合があるのです。

ライヒが提唱した【筋肉の鎧】は、根本的には性の抑圧が原因ですので、エントプティック＝オーガズム瞑想により根治することが可能ですが、中々効果が出にくい方は、併せて【筋肉の鎧】を解きほぐすメソードを行うと良いでしょう。

性革命のカリスマであったライヒはボディワークの父とも称され、ライヒの影響から身心を解放させるソマティック心理学や様々なボディワークが生まれました。代表的なボディワークに、アレクサンダーテクニーク、フェルデンクライス・メソッド、ロルフィング、野口整体、野口体操、ラバンのエフォート、バイオエナジェティックスなどがあります

特にアレクサンダー・ローエンが開発したバイオエナジェティックスはライヒ直系のボディワークであり、様々なボディワークを生み出したエサレン研究所にも影響を与えてゆきました。また、日本のボディワークの祖とされる池見酉次郎によってバイオエナジェティックスは我が国に紹介されたのです。

こうした様々なボディワークやプリミティブな身体技法に共通した構造は、例外はありますが、スローモーションに動き、身体を液体のように使い、心と体を分けて考えずに身心を一つのものと捉えることで、瞑想のような効果があることが特徴です。

以下に代表的なボディワークの実践法を紹介してゆきたいと思います。

ボディワークを実践し、日々の社会生活で鎧化した筋肉を解放し、パフォーマンス能力を高め、オーガズムを発動させやすい身心にしてゆきましょう。

●暗黒舞踏のボディワーク1～握った拳を3分かけてゆっくりと開いてゆく～

暗黒舞踏という前衛的なダンスの鍛錬として行われるメニューは、ライヒ的なボディワークの条件を満たすものであることが知られており、鎧化した身体を解放させてゆく効果があります。

まず、手をグー、パー、グー、パーと閉じたり、開いたりしてみましょう。この動作は一瞬で出来るかと思いますが、このグーからパーに開くまでを3分かけて超スローモーションで行ってゆきます（176ページ図7を参照）。

基本的にはこれだけですが、スローモーションで動いてゆきますと普段の身体の使い方の無駄な動きや癖に気づいてゆき、それに伴い身体が解放されてゆきます。

これは、神経科学的には頭頂葉にある【身体図式】（ボディスキーマ）と言われる機能が鍛えられていったことを意味します。

【ボディスキーマ】とは、我々の運動や姿勢、身体感覚を無意識に制御するために機能しているものです。

恋愛でもビジネスでも芸能でも存在感とパフォーマンス、日常の所作のためには、この【身体図式】が鍛錬されている必要があります。

演劇などでは、【身体図式】を徹底的に鍛えてゆきますので、一流の俳優というのは存在感があるのです。

セックスにおいても【身体図式】の鍛錬は必要です。

セックスにおけるムードや演出の基本の一つは【身体図式】の鍛錬にあるのです。

どんなにスタイルが良くても身のこなしの悪さからムードが出なくなることは良くありません。

恋愛を成就させるためにも、【身体図式】の鍛錬は重要なのです。

●暗黒舞踏のボディワーク2～寝返りを30分かけてゆっくり行う～

同じく暗黒舞踏系のボディワークで、寝返りを30分かけて行うというメソードです。

これも普通に寝返りを打つ場合は、殆ど一瞬で出来ることですが、この寝返りをゆっくりとスローモーションで30分かけて行ってゆきます。

身体の細かい動きと対話するようなイメージで殆ど動いていないようなレベルで少しずつ寝返りを打ってゆきます。

このボディワークも基本的には【身体図式】を鍛え、【筋肉の鎧】（筋肉のこわばり）を解きほぐす効果があります。

●ニューフィジカルエクササイズ～身体バラシ～

こうした東洋的な身心を一つに捉えるボディワークを総称する言葉は、いくつかありますが、ニューフィジカルエクササイズと呼ばれるボディワークに通底する身体性である、身体を液体のようにグニャグニャにする体操は、身体を解放する効果が高いことで知られております。

イメージとしてはヒップホップダンスやポップダンスなどのストリートダンスで使われるアイソレーションやウェーブと呼ばれる動きに近いものですが、

もう少し一般の方に解りやすいイメージでは、国民的アニメであるクレヨンしんちゃんの映画『クレヨンしんちゃん ガチンコ！ 逆襲のロボとーちゃん』の中で登場する巨大五木ロボットの必殺技である、こぶしウェーブを浴びた主人公達が身体が液体のようにグニャグニャになるシーンがありますが、あのような動きを模倣することで、身体バラシのボディワークを行うことが出来ます（１７６ページ図８参照）。

では、身体バラシを実践してゆきましょう。

目を半眼（薄目）にした状態で、身体全身をグニャグニャと液体や蛇のようなイメージで動かしてゆきます。基本的には首なども固定せずに腰から上の身体のあらゆる部位を液体のように動かしてゆきます。

しばらく行ってゆきますと、身体の固まっている部位に気付くと思いますので、固まっている部位をほぐすように身体をグニャグニャと動かしてゆくようにしてゆきます。

●ニューフィジカルエクササイズ～スローモーションで動く～

暗黒舞踏のボディワークでスローモーションで動かしてゆくメソードを行いましたが、ここでは、様々なことをスローモーションで行ってゆきましょう。

日常の様々な動きを再確認するようにスローモーションで行うことで、【身体図式】は鍛錬され、日常の所作の精度を高めてゆくことが出来ます。

日常の所作は恋愛、ビジネス、パフォーマンスの基本ですので、様々な動きをスローモーションで行い、日常レベルで高いレベルの身体性を獲得してゆきましょう。

日常の様々なことをスローモーションで動いてみます。例えば、部屋の端から端まで歩く、本棚に本をしまう、ペンを握る等々。

普段数秒で出来ることを3分あるいは30分かけて行ってゆきます。こうすることで、頭頂葉の【身体図式】は鍛錬されてゆき、日常の身体性の精度を飛躍的に高めてゆくことが出来るのです。

一般に多くの方が誤解しておりますが、俳優の身体というのは日常的な演技をしていても、一般的な人達とは根本的に身体の使い方が違います。

それは、歌い手やタレント、プレゼンテーションの名人クラスのビジネスパーソンや演説の名人クラスの政治家でも優れたパフォーマンスを行う方は、身体性の精度が高いと言えます。

武術の神とも称された植芝 盛平や禅の行住坐臥あるいはカルマ・ヨーガなども日常レベルで身体性の精度を高めてゆくことの重要性を説いております。

様々な所作をスローモーションで行い、身体を解放してゆき、オーガズムを得やすい身体にし、恋愛、ビジネス、パフォーマンスの達人になれるよう鍛錬してゆきましょう。

●地団駄、反閇

日本のセックス瞑想の原点の一つに嬥歌《かがい》や歌垣《うたがき》と呼ばれる風習がありますが、これは一般的には男女が歌を掛けあう芸能で、研究者の中には現代のカラオケでの合コンに近いと説明する方もおります。

実は、この歌垣では性の解放が行なわれ、グループセックス、オルギー的なセックス瞑想が行なわれていたとされております。

また、歌垣の中で重要なダンスとされていたのが、【反閇《へんぱい》】と呼ばれる大地を踏むような所作です。要するに相撲の四股や地団駄に近い動きです（176ページ図9参照）。

この反閇系の所作の起源は極めて古く、芸能学や舞踊学では人類の最古のダンスや身体技法ともされており、身体性を解放させる効果も非常に高いものと考えられております。

また、日本のモンド映画の先駆けとされる『日本の夜 女・女・女物語』の監督もされ、原初的な身体性と性の奥義を探究した武智鉄二氏もナンバと呼ばれる足の技法を重要視し、同様に原初的身体性を探究したオルタナティブ演劇においても摺り足、六方、ワニ足、などの足腰の技法が重要視されてきたのです。

そしてこうした強力な技法の中でも最も意識変容力の高い根源的な足の技法の一つが【反閇】、地団駄になるのです。

では、【反閇】、地団駄を実践してゆきましょう。

目隠しをした状態、あるいは半眼（薄目）の状態で駄々をこねる子供のように激しく地団駄を踏んでゆきます。

更にテンポ２００超えのドラムとドラムの低周波音を聴きながら行うと効果が高まります。

しばらく行ってゆきますと身体が解放され、【筋肉の鎧】が解きほぐされ、オーガズムを得やすい身体にしてゆく効果が得られます。

●ラバンのエフォート

ボディワークやダンスメソードの世界で聖典の一つとされるのが、ラバンの【エフォート理論】です。

ラバンは世界中の様々な運動の基本を８つの【エフォート】にまとめました。

この８タイプの【エフォート】を鍛錬することで、【筋肉の鎧】を解放させて、身体を自在に出来ると考えたのです。

8タイプの【エフォート】の中で特に変性意識状態にしてゆく効果の高いものは、【フロート】と【グライド】という運動とされており、

古代からパフォーマンスや瞑想の中で【反閇】と並び意識変容の奥義と考えられてきております。

【フロート】は身体が浮かぶようなイメージの運動であり、【グライド】は身体を滑らせるようなイメージの運動です（176ページ図10、177ページ図11を参照）。

では、ラバンの【エフォート】から【フロート】と【グライド】を実践してゆきましょう。

半眼（薄目）の状態で、手を羽のようなイメージでフワっと滑らかに跳躍してゆきます、手をしなやかに動かすことで身体が浮かんでいるようなイメージを作り出してゆきます。

この【フロート】の運動を何度か行いましたら、同じく半眼の状態で両手を前に出し、肘を軽く曲げ、両手のひらを下に向けて、空中を滑らせてゆくような所作を行ってゆきます。

空中に雑巾をかけるような感じで手を空中に滑らせてゆくような運動を行ってゆきます。

これらの運動が【エフォート】の基礎にして究極とされるものです。

変性意識状態に入り、【筋肉の鎧】が解れてゆくのを実感してゆきましょう。

●アルトー流派の現前性メソード

アルトー流派の【現前性メソード】とは演劇理論の聖典クラスのメソードとされてきたもので、一般的に有名な演技メソードとされるスタニスラフスキーシステムやハリウッド俳優のメソードとして有名なメソッド・アクティングより遥かに優れた演技メソードとして真の名優の間では知られている演劇訓練法です。

【現前性】とは存在感のことですが、存在感はやはり身体性の鍛錬により得られると考えられております。

すなわちこのメソードによっても【筋肉の鎧】を解きほぐし、オーガズムを得やすい身体にさせ、存在感を高めることで、恋愛やビジネスやパフォーマンスの達人としての身体を獲得してゆくことが出来るのです。

【現前性】を高めるには基本的には存在感を高める4つのタイプのポーズあるいは運動を行いますが、ここでは基礎になる2つの存在感を高めるタイプを行ってゆきます。

存在感を高めるタイプの一つ目は、特撮ヒーローの名乗り口上の際のポーズや変身ポーズ、必殺技のポーズのようなダイナミックなポーズである【贅沢なバランス】と呼ばれるタイプです。

二つ目は『おそ松くん』のイヤミによる国民的なギャグである「シェー」の片足立ちのような【不安定なバランス】になります（177ページ図12参照）。

このようなダイナミックなポーズは、エンドルフィン、ドパミン、セロトニンといった様々な神経伝達物質も分泌されることが神経科学的にも解っており、それに伴い身心が解放されパフォーマンス能力、存在感が高められるのです。

では、アルトー流派の【現前性メソード】から【贅沢なバランス】と【不安定なバランス】を実践してゆきましょう。

薄暗い部屋で、テンポ２００超えのドラムのリズムと低周波音を聴きながら、様々な【贅沢なバランス】のポーズを取ってゆきます。

【贅沢なバランス】は特撮ヒーローの変身ポーズや少年漫画やバトルヒロインものの必殺技のポーズなどのダイナミックなポーズを取ってゆきます。

しばらく【贅沢なバランス】のポーズを行いましたら、今度は様々な【不安定なバランス】を取ってゆきます。

【不安定なバランス】は前述しましたように、『おそ松くん』のイヤミの「シェー」のような片足立ちのポーズのようにバランスが不安定なポーズであれば問題ありません、そしてこの不安定なバランスの中で寛げるように鍛錬してゆきます。

【不安定なバランス】は俳優の奥義ともされており、不安定なバランスの中で寛げるようになることで、圧倒的な身体性を得れると考えられております。

演劇学では、存在感というのは身体のバランスにより生まれるものであるとされています。

また、そのことを強く実感するには、例えば、モデルがポージングの際にコントラポスト（片脚に体重をかけるポーズ）やアイソレーション（身体の部位を独立させて動かす）を取り入れた場合をイメージしていただくと解りやすいかと思います。

ポージングにコントラポストやアイソレーションなどを取り入れてゆくことで圧倒的に存在感が高まり、またセクシーさが高まることが言われております。

恋愛もセックスも総合的なものでありますが、いわゆる一般的に容姿が整っているにも関わらず恋愛が上手くゆかない方や長続きしない方には【現前性】が鍛錬されていない場合が多いように思われます。

一方で一般的には、容姿自体はさほど整っていない方でも大変にモテる方がいらっしゃいますが、このような方は総じて【現前性】が高い場合が多いのです。

【現前性】とは素材の持ち味を最大限に引き出してゆくことでもあるのです。

●中央アジアのムーブメント瞑想

もう一つポージングを使用したメソードを行ってゆきたいと思います。

このメソードは、中央アジアに伝承されてきました伝説の瞑想の奥義を現代風にアレンジしたものになります。

中央アジアの瞑想の奥義には、演劇学でいうところの【贅沢なバランス】というダイナミックなポージングを行う瞑想が伝承されております（177ページ図13参照）。

これは、実際に特撮ヒーローなどのダイナミックなポージングと類似することが様々な研究者からも指摘されております。

ここでは様々な特撮ヒーロー達のポージングをとってゆきたいと思います。

基本的には前述しました存在感のトレーニングと似ておりますが、このメソードは、より瞑想として取り組んでいっていただきたいと思います。

では、【中央アジアのムーブメント瞑想】を実践してゆきましょう。

薄暗い部屋の中で、テンポ２００超えのリズムとドラムの低周波音を聴きながら、様々な特撮ヒーローや少年漫画、バトルヒロインものにおけるダイナミックなポージングを行ってゆきます。

一つのポージングにつき、数秒間、時が止まったかのようにストップし、再び別のポージングを行い、こちらも数秒間ストップしてゆき、これを様々なポージングで何度も繰り返してゆきます。

このメソードにおきましても様々な神経伝達物質が放出されてゆき、やはり身体性を解放し、存在感を高め、【筋肉の鎧】を解きほぐしてゆくのです。

また、前述しましたように、中央アジアの瞑想の奥義とされてきた技法ですので、意識変容の効果も高く、精度の高いゾーン、精度の高い変性意識状態を発動させてゆきます。

●パートナーと行うボディワーク～寝にょろ～

近代に入ると日本でも正中心や丹田などを重要視した東洋的身体性のリバイバル運動が起こりました。

代表的なものに肥田式強健術、調和道丹田呼吸法、岡田式静座法などがあり、どれも優れたボディワークです。

そして、こうした東洋的身体性のリバイバル・メソードの中でも特にパフォーマンス業界に浸透したのが野口体操です。

野口体操とは身体を液体のようにイメージすることで、自在な身体へと解放させてゆくものです。

この野口体操の中でもパートナーと行う代表的なメニューが、寝にょろというボディワークです。

寝にょろは愛情ホルモンとされるオキシトシンが分泌されてゆく効果も高く、セックス瞑想の準備にはうってつけのボディワークと言えます。

では、野口体操の寝にょろを実践してゆきましょう。

パートナーと行ってゆくボディワークです。１人が目を閉じた状態で仰向けになり、もう１人は仰向けになっているパートナーの足首のあたりを持ち足を揺すります。

身体全身に振動、波を伝えるようなつもりで様々な揺れを足から与えてゆきます。しばらく行った後、今度は反対の足首のあたりを揺すり同じように身体全身に振動、波を伝えてゆきます。

この時に身体全身を観察し、あまり揺れていない箇所を発見したらその部位を揺すってゆき、全身に満遍なく揺れが伝わるようにしてゆきます。

仰向けのパートナーが十分にリラックス出来たら交代してゆきます。

このボディワークは、全身が液体のような感覚になり、かなりリラックス出来るメニューになります。

オキシトシンやセロトニンなどの神経伝達物質が分泌されてゆき、パフォーマンス能力を高め、【筋肉の鎧】を解放させてゆきます。

メルロ＝ポンティと身体図式（ボディスキーマ）とボディイメージ

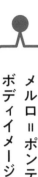

こうした、ボディワークの流れや身体論に多大な影響を与えた人物として、ライヒやエサレン研究所に加え、重要人物とされるのが、メルロ＝ポンティです。

このメルロ＝ポンティの身体論の要の一つにあるのが前述しました【身体図式】（ボディスキーマ）や【ボディイメージ】の理論です。

生理的な【ボディスキーマ】と心理的な【ボディイメージ】は厳密には異なる概念なのですが、広義には【身体図式】という言葉は両者の意味を含めて考えられております。

【身体図式】の理論はヘッドやシルダーにより研究されてきた理論であり、メルロ＝ポンティによりパフォーマンスの世界にも広められてゆきます。

神経科学的には、頭頂葉にその機能があることが確認されており、同じく頭頂葉と前頭葉のネットワークにある【ミラーニューロン】（ミラーシステム）とも関連しながら我々の身体性の根本を司るものであることが解っております。

これまで解説してきたように、上記の様々なボディワークにより、根本的には【身体図式】が鍛錬され、【筋肉の鎧】が解放されることで、オーガズムも発動させやすい身心になってゆくのです。

マルチプル・オーガズムの要の筋肉！〜PC筋のトレーニング〜

最後にセックス瞑想により直接的に関わる筋肉を鍛えてゆきたいと思います。
昨今のセックスマニュアル系の書籍に必ず登場してくるものに、【PC筋のトレーニング】というものがございます。

いわゆる骨盤底筋を鍛える運動で、ケーゲル体操や膣トレは有名です。
この【PC筋】を鍛えることで、女性では、一般に知られているように排尿コントロールの改善や妊娠中や出産後のメリットのみならず深いオーガズムに入りやすくなる効果があり、男性では、EDの改善や勃起力アップの効果があります。

また、何よりもマルチプル・オーガズムのための要となる筋肉とされており、この筋肉の鍛錬がマルチプル・オーガズムを発動させる重要な鍵の一つと考えられているのです。

ここでは、マルチプル・オーガズム発動のための【ＰＣ筋トレーニング】の代表的なものを取り上げてゆきたいと思います。

【ＰＣ筋】とは、簡単に申しますと排尿中のオシッコを止めるための筋肉です。

ですので、ひとまず排尿時にオシッコを止めてみることです。

【ＰＣ筋】はその運動で意識することが出来るのです。

また、【ＰＣ筋】を働かせようとする際に腹筋や太ももの筋肉である大腿筋が一緒に働いてしまう方が多いかと思いますが、腹筋や大腿筋は出来る限りリラックスした状態で【ＰＣ筋】だけを意識してゆきます。

【ＰＣ筋】を意識出来るようになりましたら、今度はゆっくりと【ＰＣ筋】を緊張させ、ゆっくりと【ＰＣ筋】を弛緩させるようにしてゆきます。

この運動を1セットとして、10回～20回行います。

これを1日に3回ほど行います。

この運動に慣れてきましたら、今度は【PC筋】をゆっくりと緊張させ、1秒〜3秒止め、ゆっくりと【PC筋】を弛緩させてゆきます。

この運動を1セットとして、10回〜20回行います。

これも1日に3回ほど行ってゆきます。

また、止める時間は無理のないように少しずつ増やしてゆくようにしてゆくと良いでしょう。

この【PC筋のトレーニング】は、実はタオイズムやタントラにおいても伝統的に行われてきたと考えられております。またそれは、タオイズムやタントラにおいてもブレンド・オーガズムやブレンデッド・オーガズム、マルチプル・オーガズムが発動する理由の一つでもあるのです。

これらの４章で紹介してきました様々なエントプティック≒フォスフェン瞑想やボディワーク、ＰＣ筋のトレーニングを行うことでエントプティック＝オーガズム瞑想の精度は飛躍的に高まります。

また、エントプティック＝オーガズム瞑想を行うことでもエントプティック≒フォスフェン瞑想やボディワーク、ＰＣ筋トレーニングの精度も上がりますので、これらを総合的に捉えて行ってゆくことをお薦めいたします。

もちろんエントプティック＝オーガズム瞑想は完全無欠の瞑想の究極奥義にして、セックスの究極奥義です。

理論的には、エントプティック＝オーガズム瞑想のみを行えばその中にすべてがあると申し上げてよいでしょう。

ですので前述しましたメニューは細かい点を補うつもりで行う形でも問題ありません。

そして、５章では、とうとうエントプティック＝オーガズム瞑想のアルティメット・ステージについてを解説してゆきたいと思います。

エラノス会議や認知考古学、あるいはエラノス思想をも超えた……、究極のプロト・エラノスが発見した、人類史上最大最強のセックス瞑想の最終奥義が5章で明らかになるのです……。

第４章のまとめ

◆エントプティック≒フォスフェンの発動法の基本は、目隠しと息を止めて酸欠気味にすることである。

◆他にも過換気呼吸、テンポ２００超えのドラムのリズムと低周波音、倍音、スピーキング・イン・タングズ、しゃっくり、痙攣、視覚情報の単純化などでもエントプティック≒フォスフェンは発動する。

◆エントプティック≒フォスフェンには、ステージ1、ステージ2、ステージ３への移行部、ステージ３があり、基本的には目隠しと息を止める技法で発動する。

ステージ3への移行部では、逆流呼吸法を使う場合もある。

（図6【エントプティック≒フォスフェン】のステージ3への移行部の典型的なパターン）

図6
【エントプティック≒フォスフェン】の
ステージ3への移行部の典型的なパターン

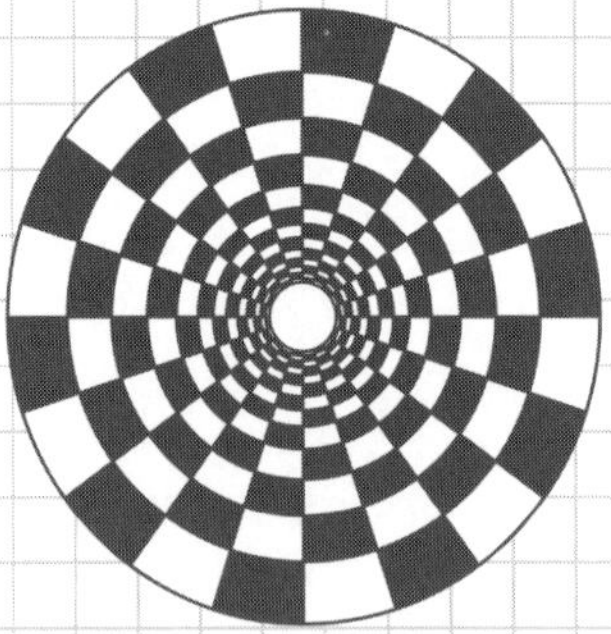

◆オーガズムを十分に得られないのは、【筋肉の鎧】（筋肉のこわばり）が邪魔をしている場合が多く、【筋肉の鎧】を解きほぐすメソードを行う必要がある。

代表的な身体技法、ボディワークには、暗黒舞踏のボディワーク、ニューフィジカルエクササイズの要になるスローモーション技法、身体バラシ、地団駄、エフォート、現前性の奥義、不安定なバランス、中央アジアのムーブメント瞑想、これらにより頭頂葉の【身体図式】（ボディスキーマ）も鍛えられ、パフォーマンス能力も飛躍的に高まる。

（図7～図13　暗黒舞踏のボディワーク、ニューフィジカルエクササイズ、地団駄、エフォート1、エフォート2、不安定なバランス、ムーブメント瞑想）

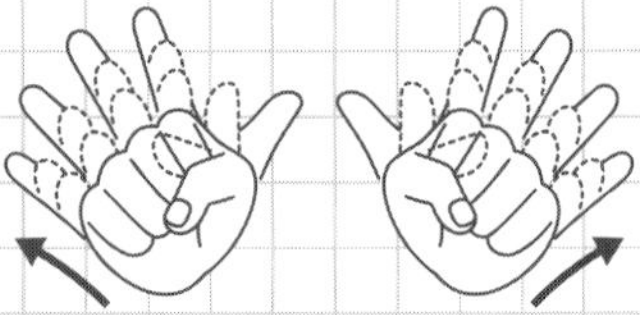

図7
暗黒舞踏のボディワーク

図8
ニューフィジカルエクササイズ
（身体バラシ）

図9
地団駄

図10
エフォート1（フロート）

図11
エフォート2（グライド）

図12
不安定なバランス

図13
ムーブメント瞑想

◆マルチプル・オーガズムの要の筋肉であるＰＣ筋は、排尿中のオシッコを止める時に働く筋肉であり、排尿時にオシッコを止めるような運動により鍛えることが出来る。

第5章

石器時代のセックス瞑想！
エンプティック＝オーガズムの
至高の領域！
〜アルティメット・ステージの発動法!!!〜

オーガズム＝悟り!?
オーガズム＝サマーディ!?

インドの聖者の中には**瞑想はセックスから生まれた！**という説を唱えている方もおります。

セックスのオーガズムの際に脳のパフォーマンスが至高の領域を発動させることに気付いた人々が、そのテクニックを発達させて瞑想を生み出したとする説です。

実際に、一般的なセックスのオーガズムでも瞬間的には悟りやサマーディに近い境地が発動する場合もあるのです。

1章でも解説しましたように性科学の第一人者であるキンゼイなどにより、オーガズム中には酸欠気味になる傾向があること、オーガズム時の脳波が痙攣時の脳波に近いことが報告されております。

また、オーガズム研究の第一人者であるビバリー・ウィップルは、側頭葉てんかんとオーガズムの類似性を説いておりますが、側頭葉てんかん時にエントプティック≒フォスフェンが発動することは、神経学のパイオニアとされるジョン・ヒューリングス・ジャクソンやその学派により明らかにされております。

これらは通常のセックス自体がエントプティック≒フォスフェンを発動させ、悟りやサマーディの原型として神経科学的に考えられているシード（光の種子）を発動させる可能性が高いことを示しているのです。

そしてシードの精度が高まれば、それは悟りやサマーディの発動に繋がってゆきます。

しかし悟りやサマーディを発動させる瞑想法にもそのプロトタイプとされるテクニックがあります。それが世界各地の先住民の瞑想やシャーマニズムです。

一般的な瞑想の中でも最高レベルとされるタントラやタオイズムはセックスを使用した瞑想の代表格でもありますが、これらのセックス瞑想も元来は先住民の瞑想から生まれたものなのです。

エラノス会議の研究者達からもタオイズムが先住民のオルギー的瞑想（乱交的瞑想）であるファティリティ・ライトなどから多大な影響を受けて生まれたものであることが指摘されているのです。

そして、先住民の瞑想は石器時代の瞑想を継承するものであり、多くのラディカルな研究者やクリエイターは石器時代の瞑想こそ至高であるという結論を打ち出してきているのです。

縄文芸術を研究した宗　左近や岡本太郎、ピカソなどが石器時代のパフォーマンスを至高としたのは有名です。

最古の瞑想者が描かれているとされる石器時代の洞窟壁画には、男根がエレクト（勃った）した状態の瞑想者が描かれており、最古の瞑想がセックス瞑想的、オーガズミックなものであったことは、総合的に考えて間違いないように思います。

実際に最先端の認知考古学におきましてもそのように考えられているのです。

従来のブレンデッド・オーガズムの究極の領域マハースカ（大楽）を超えた！超マハースカ、アルティメット・マハースカとは？

従来のセックス瞑想の究極領域やブレンドされたオーガズムの究極の状態はマハースカあるいはパラママハースカであると思われてきました。

本書の読者諸氏の中にもそのように認識されている方もいらっしゃるかと思いますが、タントラもシヴァ派におけるシャクティ派やチベット瞑想でも流派によっても微妙に異なりますが、シャクティやクンダリニーあるいはチャンダリーの火と呼ばれる性エネルギーを活性化させる瞑想であり、その性エネルギーは会陰部あるいはチャンダリーの火はタオイズム同様に臍（丹田）にあるとされております。

タントラでもタオイズムでもこの性エネルギーを頭頂または、脳へと逆流させるという瞑想を行います。あるいはチャンダリーの火が極まることによりマハースカの領域が発動するのです。

これらも右道タントラとして1人で行うものと、パートナーと行うマイトゥナと呼ばれる左道タントラ、更に集団セックス瞑想的な技法であるガナチャクラなどがあります。

また一般にタントラは射精をしないという印象がありますが、これも射精をしない場合と射精をすることが求められる場合とがあるのです。

そして、タオイズムやディオニュソスのオルギア、グノーシス主義などにもタントラと殆ど同じメカニズムの瞑想が存在しております。


また、これらの基層にはタオイズムがファティリティ・ライトからの影響から生まれたのと同様に先住民の瞑想（シャーマニズム）やチベットの場合にはポン教、中央アジアの瞑想からの影響があるとされております。


また、インドにおけるタントラも仏教などにより体系化される以前は日本における原始神道のようなタントラが存在していたことも押さえておく必要があります。

現在は欧米人による誤解から極端な解釈が一般に流布しておりますが、タントラもタオイズムも本来はリチュアルや瞑想における総合的な信仰であり、その原型である原始状態のタントラやタオイズムやディオニュソスのオルギアは、石器時代の瞑想にも限りなく近いものなのです。

そして、エラノス会議やプロトエラノス（プロトエラノスにつきましては6章で解説いたします。）が捉えてきた石器時代のセックス瞑想には従来のマハースカを遥かに超える領域である超マハースカ、アルティメット・マハースカとも呼びうる究極を超える領域を発動させる瞑想技法があるのです。

5章ではその究極中の究極の領域を明らかにしてゆきたいと思います。

旧石器時代人のセックスの体位と世界各地の体位

最強のセックス瞑想を行っていたと考えられている旧石器時代人のセックスの体位につ

いては、これまでにも様々な議論がなされてきましたが、一番可能性が高いとされてきたのが、後背位（バック）です。

その証拠として引き合いに出されてきたのが、代表的な石器時代の洞窟壁画の一つであるコンバレル洞窟に描かれたバックの壁画です。

バックは自然界で最も普及している体位で、殆どの動物がこの体位を基本としております。（水中生活をする海獣類は対面位がメインとされています。）

一方で先住民の間から宣教師の体位と呼ばれ、セックス教本の名著とされるヴァン・デ・ヴェルデの『完全なる結婚』によっても広められた最も近代的な体位とされるいわゆる正常位（宣教師の体位）も石器時代人やボノボ（最も人に近いとされる類人猿）の間でも行なわれてきたことが解っており、同じく石器時代のローセル洞窟では騎乗位のような体位も発見されております。

また、文化が変われば好まれる体位も変わります。世界には様々な体位がありますが、確認されているだけでも521種類の体位があるとされております。

インドやアラブでは座位が最も広く普及しており、文化人類学的に性の楽園と称されるオセアニアでは、様々な体位が行なわれますが、座位、側位が最も良い体位とされております。

また、いわゆる狭義のポリネシアンセックスでは側位が好まれる傾向がありますし、アフリカでも側位が好まれる傾向があります。

ちなみに古代インドのセックス聖典『カーマスートラ』では立位が推奨されておりますが、エントプティック＝オーガズム瞑想では、基本的には長時間リラックス出来る体位が望ましいでしょう。

そして最終的には、そこに角度をつけることがポイントになるのです。

実はこの角度をつけた体位こそ旧石器時代のセックス瞑想の奥義中の奥義、究極中の究極の秘技とされてきたものなのです。

人類史上最強最大のセックス瞑想！【石器時代瞑想の奥義・恍惚の体位】

●石器時代瞑想の奥義・恍惚の体位

世界中すべての瞑想を研究してゆきますと現在皆さんが最高の瞑想だと思い込まれているマインドフルネスやヨガ（ヨーガ）よりも遥かに強力な瞑想があります。それがタントラ、タオイズム、ポリネシアンセックスに代表されるセックス瞑想ですが、前述しましたように、これらのセックス瞑想のルーツであり、更に既存のセックス瞑想を遥かに超えた領域を発動させることが可能なものが、エラノス会議や認知考古学が発見した石器時代のエントプティック＝オーガズム瞑想でした。

そしてこの最強のセックス瞑想である石器時代のエントプティック＝オーガズム瞑想の技法の中でも至高の奥義がミュンヘン大学の研究により発見されたのです。

このミュンヘン大学が発見したエントプティック＝オーガズム瞑想の人類史上最強最大の至高の奥義の名こそ【恍惚の体位】と申します!!!

この至高の瞑想技法こそ、エントプティック≒フォスフェンの至高の領域であるステージ3を発動させることが出来るのです。

恍惚の体位は右道（1人でも）としても、左道（パートナーと）としても可能な瞑想技法です。

前述しましたように、石器時代の究極中の究極のセックス瞑想の奥義である【恍惚の体位】は、角度をつけることにポイントがあります。

旧石器時代の究極の体位とされる【恍惚の体位】は、基本的には角度30度〜45度の傾斜による前傾姿勢、後傾姿勢を基本とした体位です。

先史学の権威であるルロワ＝グーランが石器時代人が前傾、後傾の姿勢により変性意識状態に入っていることを示唆し、強力な瞑想効果があることを発見したのです。

そして、ミュンヘン大学により、その中でも特に角度37度の傾斜を付けた後傾姿勢が最も強力な瞑想効果があることが明らかにされたのです。

左道で【恍惚の体位】の瞑想を行う場合は例えば四十八手の菊一文字やこたつ隠れ、帆掛け茶臼、撞木反り、あるいはバリ島スタイルやバリ島スタイルに類似した体位であるオセアニック・ポジション、その他テザーボール、ジ・アンカーといった体位などを応用するようにすると良いでしょう。

菊一文字は一般的にもクリトリス・オーガズム、Gスポット・オーガズム、ポルチオ・オーガズムのブレンド・オーガズムを発動させやすい体位ですが、エントプティック≒フォスフェンの技法や【恍惚の体位の瞑想技法】を使うことで、通常のブレンド・オーガズムが更に数千倍以上ものオーガズム、すなわちアルティメット・マハースカとも呼びうる領域を発動させてゆくことが出来るのです。

基本的には身体に角度（前傾姿勢、後傾姿勢）をつけることが、エントプティック＝オーガズムのアルティメット・ステージを発動させる効果があるので、前記の四十八手などの体位の厳密性にこだわる必要はないので、角度をつけた状態で比較的リラックス出来る体位を確保してゆきましょう（２１４ページ図14～図17参照）。

また、この【恍惚の体位の技法】も基本的には殆どピストン運動は必要ありません。

タントラチェアやセックスチェアなどの角度をつけることが出来る椅子が販売されていたり、ＳＭルームのあるラブホテルなどでも角度のあるＳＭチェアがありますので、腰に負担がかからないように、これらのアイテムを活かすのも良いでしょう。

アルティメット・エントプティック＝オーガズム瞑想！人類史上最強最大のセックス瞑想!!!～石器時代の恍惚の体位瞑想の実践！～

● 右道アルティメット・エントプティック＝オーガズム瞑想【石器時代の恍惚の体位】の実践

では、いよいよ石器時代のセックス瞑想の奥義中の奥義である【恍惚の体位】を実際に行ってゆきましょう。

この究極の秘技も1人で行う右道的なものとパートナーと行う左道的なもの、あるいは特にセックス瞑想として行わずに通常の瞑想として行うことでもあまりにも強力すぎる効果があります。

ここでは右道における【恍惚の体位】を行ってゆきましょう。

【恍惚の体位】は基本的にはリクライニングチェアや滑り台のようなもので角度をつけた状態で瞑想を行うことが基本になります。

一般的な滑り台が約30度の傾斜ですので、ひとまず30度から始められても問題ありません、30度の傾斜でも強力な瞑想効果がございます。30度から45度の傾斜で色々と試していただいた上で、

最終的には、角度を37度にしてゆきます。

この角度37度の姿勢の状態で、これまでの基本的な瞑想と同様に、真っ暗な部屋または目隠しをした状態でテンポ２００超えのドラムとドラムの低周波音を聴きながら、眉間のあたりに意識を集中させながら、息を長く止めてゆきます。

これが恍惚の体位の瞑想の基本となります。

後はこの角度37度の体位のままエロティック・アラウザル・パターン（性的覚醒パターン）をイメージしてゆきます。

やはりこれまでと同様にプラトー期を維持するエッジングやシーメン・リテンションを行いオーガズムに達しないようにしてゆきます。

これを1日に30分、3日ほど行い、3日目にエッジングやシーメン・リテンションを段階的に解除してゆき、【アルティメット・エントプティック＝オーガズム】を発動させてゆきます。

この恍惚の体位の技法によりエントプティック≒フォスフェンの【アルティメット・ステージ】とされるステージ3のビジョンが発動してゆきます（215ページ図18、図19を参照）。

ステージ3のビジョンは通常、【半獣のビジョン】が発動してゆきますが、エロティック・アラウザル・パターンによりこのビジョンは変化してゆきます。

基本的には記憶の深淵にある究極中の究極のエロティック・ビジョンが発動してくると

考えて良いでしょう。

それは、全身のあらゆる部位でオーガズムを発動させてゆくだけの圧倒的な力を持っているのです。


また、慣れてきましたら、シベリア先住民の瞑想テクニックをいくつか併せて行うことで、より確実に【アルティメット・ステージ】を発動させてゆくことが出来ます。


角度37度の姿勢で、しばらくの間、真っ暗な部屋で半眼（薄目）の状態で焚き火などの動画の火の動きをひたすら凝視してゆきます。

しばらくしたら、今度は、目隠しをした状態でテンポ２００超えのドラムとドラムの低周波音を聴きながら、眉間のあたりに意識を集中させながら、人を小馬鹿にしたようなわざとらしいあくびを何度も行います。

しばらく行った後で、身体を激しく痙攣させながら、激しい　しゃっくり　を何度も何度も行ってゆきます。　しゃっくり　は息を吸うように発声をするのがコツになります。

更に、ダミ声で唸り声、ダミ声のシャウト、甲高い裏声、鳥や様々な動物の声をオノマトペやモノマネで叫んでゆきます。

これもしばらく行い、更に少し鋭い鼻にかかった声で「ンーーー!!」とハミングをしてゆきます。

そして最後に再び、激しい　しゃっくり　を何度も何度も行ってゆきます。

上記の流れをひたすら繰り返してゆきます。

また、上記の流れに激しい呼吸（過換気呼吸）、スピーキング・イン・タングズを加えるのも効果的です。

これらの瞑想により、エロティック・アラウザル・パターンは更に記憶の奥底に眠る強烈なエロティックなビジョンを発動させてゆくのです……。

また、シベリア先住民には、鹿やトナカイのセックスを模倣した象徴的な【シャーマニックセックス瞑想】が存在しており、鹿やトナカイは性エネルギーのコントロールの達人として様々な瞑想者から崇敬されてきたのです。

鹿やトナカイのセックスを参考にすることは、この奥義の精度を更に高めてゆくためにも重要なのです（216ページ図20参照）。

そして、このステージ3のエロティック・ビジョンの衝撃はパートナーと行うことでより高い精度で発動してゆくのです。

●左道アルティメット・エントプティック＝オーガズム瞑想【石器時代の恍惚の体位】の実践

左道アルティメット・エントプティック＝オーガズム瞑想におきましても、まずは通常のエントプティック≒フォスフェン発動の瞑想を2人で行います。

感覚遮断（目隠しまたは暗い部屋）の状態で、テンポ200超えのドラムとドラムの低周波音を聴きながら、リクライニングチェアなどで角度37度の後傾姿勢の状態で、息を長く止めてゆきます。

あるいは、激しい呼吸すなわち過換気呼吸を行ってゆきます。

お互いの瞑想が深まり、エントプティック≒フォスフェンのステージ1が発動してきたら、ステージ1の格子パターンや振動パターンに集中してゆき、ステージ2のプリズナーズシネマを発動させてゆきます。

人によってはこのままステージ3が発動してゆきますが、ステージ2やステージ3の移行部のままでも問題ありません、

ステージ2を超えたあたりで、やはり、なるべく時間をかけてお互いの身体を愛撫してゆきます。

前述しましたように愛撫に十分な時間をかけて行うことが重要です。
十分に愛撫が出来ましたら、ゆっくりと挿入してゆきます。
これまでと違うのは、体位を後傾姿勢の恍惚の体位にすることです。
それ以外の条件はこれまでと同様に

・ピストン運動を殆ど行わず、オーガズム直前の快楽であるプラトー期を持続させてゆく。

・視覚情報を遮断するか、視覚情報を単純化してゆく。
・無理のない範囲で呼吸を静かに（息を止め気味）あるいは逆に呼吸を激しくしてゆきます。目的は意識的な酸欠と血中の二酸化炭素濃度を高めることです。

上記の条件を満たした上でアルティメット・エントプティック＝オーガズム瞑想を３日間かけて行います。

これまでと同様に３日間ずっとアルティメット・エントプティック＝オーガズム瞑想を行うわけではなく、１日30分ほどで問題ありません。

１日目、角度37度による恍惚の体位をお互いに、あるいはパートナーのいずれかがとります。その体勢で挿入し、これまでと同様に30分殆ど動かすことなくじっとしています。

また、これまでと同様にたまにゆっくりとした動きを加えても問題ないですが、やはりオーガズムに達しないように気をつけてゆきます。

2日目、1日目と同様の方法で30分行ってゆきます。

3日目、究極を超えた人類史上最高の領域とされる3万年前の恍惚の領域である。【アルティメット・エントプティック＝オーガズム】が発動されてゆきます。

文字通り、3万年分の快楽がお互いの全身に浸透し、オーガズム研究の第一人者であるビバリー・ウィップルが説くように、身体全身が究極を超えた【オーガズム身体】となり、空間認識や身体感覚を司る頭頂葉の変化から恋人達は、オーガズムそのものになるような感覚、状態になるのです。

3日目では、これまでと同様にピストン運動を取り入れて問題ありません。

また、プラトー期を維持するエッジングやシーメン・リテンションを段階的に解除してゆき、【アルティメット・エントプティック＝オーガズム】を発動させるようにしてゆきます。

瞑想が極限を超えてゆきますと、【アルティメット・ステージのエロティックな半獣のビジョン】が発動してゆきます。

また、読者諸氏のエロティック・アラウザル・パターン（性的覚醒パターン）によっては半獣以外のビジョンが発動してくる場合もありますが、記憶の奥底に封印されてきた究極のエロティック・アラウザル・パターンが究極のビジョンとして発動してくる現象が起こってゆきます。

かつて、手塚治虫がムーピー（『火の鳥』に登場するスライムのような生命体）のような夢をよく見ており、このムーピー的なビジョンに恐怖と魅了を同時に感じる、究極のエロスを実感していたようですが…… この現象もおそらくは【ヌミノーゼ】と呼ばれる精度の高い瞑想で実感出来る領域を発動させていたように思います。

その状態は、神経科学的には、快感と恐怖を司る側坐核が活性化された状態です。

あるいは、恋愛ホルモンであるＰＥＡも恐怖と快感により放出されてゆきますが、ＰＥ

Aはエントプティック≒フォスフェンを増幅してゆく効果も高いのです。

もちろん【アルティメット・ステージ】で発動するオーガズムはこうした既存のエロスや既存の瞑想を遥かに超えた領域ですが、瞑想の究極中の究極のエロス、至高中の至高のエロティックなビジョンは、こうしたいくつかの領域を交錯させてゆく……言葉では言い表すことの出来ない領域が発動してくるのです。

それは、既存のブレンド・オーガズムやマルチプル・オーガズム、既存のセックス瞑想の至高領域とされてきたマハースカを遥かに超えた、【アルティメット・マハースカ】とも呼びうる領域なのです……。

そして【アルティメット・エントプティック＝オーガズム】は、その至高中の至高の領域をも超えて無限に増殖するような永遠と刹那が交錯するような実感を恋人たちに抱かせてゆくのです……。

【石器時代のプロトSM瞑想】
～エントプティック＝SM瞑想～

石器時代人の超強力な瞑想は他にもございます。中でも【石器時代のプロトSM瞑想】は超強力な究極の瞑想の一つなのです。

狭義のSMとは、マルキ・ド・サドやマゾッホの名から性科学のパイオニアの1人であるクラフト＝エビングがサドやマゾという術語を作ったことをきっかけで広まり、フロイトやエリスなどもSM理論を発表してきましたが、SMのプロトタイプはすでに石器時代から存在していたのです。

それは、アッダウラ洞窟の中に描かれております。

あるいは、性の研究で著名な人類学者であるマリノフスキーによって研究されたヤウサやカツヤウシといった儀礼や北アフリカのベルベル人のリチュアルもプロトSM的な構造を持っております。

そしてそれらは究極のプロトSMであり、エンドルフィンやドパミンあるいはエンケファリンやダイノルフィンといった神経伝達物質を大量に放出させるものであることが解っているのです。

また、前述しましたように、恋愛ホルモンであり、エントプティック≒フォスフェンを発動させる効果のあるPEAもまた恋愛ともう一つ、恐怖においてもそのレベルを上げることが解っており、究極のプロトSMはあらゆる角度からPEAのレベルを上げることが解っているのです。

性科学者であり、SMを研究してきたエリスも「筋肉活動や情緒的活動を押さえつけることで、性的興奮は高まる」と説いております。

SMは、オーガズムの質を高めて、ゾーンやフローの精度の高い状態、超ゾーン、超フローを発動させる効果があるのです。

更に石器時代の【プロトSM瞑想】ではエントプティック≒フォスフェンの至高領域で

あるアルティメット・ステージを発動出来る可能性も高い瞑想技法になります。

他にもインドのいわゆる苦行（タパス）とＳＭとの共通点を説くインド哲学の研究者もおります。

実際に神経科学的にも苦行とＳＭには多くの共通点があるのです。

また、世界各地のシャーマニズムやリチュアルの中にある苦痛を伴うテクニックも同様の効果により、変性意識状態を発動させてゆきます。

もちろんインドのセックスマニュアルの聖典とされるカーマスートラにもスパンキングの奥義が記されています。

また、ＳＭプレイの中には元々、犯行を自白させるための刑罰、拷問からＳＭプレイに発展したものも少なくありません。

ただし、ＳＭプレイとはあくまでもパートナー同士の信頼関係を前提としたものであり、それもかなり深い信頼関係を前提としたものだと言えます。

また、日本のアングラ・セックスカルチャーを網羅的に捉えた東映ポルノの超傑作である『にっぽん69 セックス猟奇地帯』に出演した『家畜人ヤプー』の作者である沼正三は、マゾヒズムを主題とした遠藤周作の『月光のドミナ』を引用しながら、ラディカルなマゾヒスト論を展開させてゆきます。

マゾヒストには、大きく分けて苦痛派と凌辱派がおり、更に凌辱派には、奴隷願望、家畜願望、器物願望、オブジェ願望といった願望まであると説いてゆくのです。

すなわち単純な苦痛とは分けて考える必要があり、一般に考えられるより遥かにコズミックな快楽があり、それは性の根源を悟ることに繋がるということを沼正三は、説いているのです。

ＳＭはまた、性的ロールプレイ（いわゆるイメージプレイ、ストーリープレイで物語を演技しながら行なわれる性的プレイ）として行なわれる場合も多く、これは当然、演技力が要求され、更にエロティック・アラウザル・パターン（性的覚醒パターン）を深めてゆく効果が期待出来ます。

すなわち上手く行うことが出来るならばＳＭには脳を変容させる要素が複数含まれており、それらは神経科学的には掛け算として快感を感じることが出来るため、かなり高いレベルのオーガズムが発動される可能性が高いのです。

実際ＳＭにおいては、オーガズム研究の第一人者であるビバリー・ウィップルなどが報告している全身でオーガズムを発動させる現象を発動させやすいと考えられております。

前述しましたようにビバリー・ウィップルは性器は確かにオーガズムの調整に適しているとしながらも、オーガズム機能は厳密には身体全身に存在していると考えたのです。

このビバリー・ウィップルのオーガズム理論をＳＭや【プロトＳＭ】は実感出来る可能性が高いものの一つであるといえるのです。

石器時代のアルティメット・エントプティック＝オルギー瞑想（アルティメット・グループフローを発動させる究極のオルギー瞑想）

この【アルティメット・ステージ】、【アルティメット・マハースカ】を発動させる方法を会得することが出来ましたら、次に目指すべきは、石器時代のアルティメット・エントプティック＝オルギー瞑想による【アルティメット・グループフロー】を発動させることでしょう。

これは、いわゆる【恍惚の体位】によるグループセックスで発動可能ですが、セックスを行わずに集団で恍惚の体位の体勢を取ることでも発動させることが出来ます。

あるいは、【恍惚の体位】で【アルティメット・ステージ】を発動させた上で、3章で紹介いたしました軍事訓練を応用したエントプティック＝グループフロー瞑想によっても発動させてゆくことが可能なのです。

ここでは、オルギー＝グループセックスとしては、奇妙な言い方ではありますが、最もオーソドックスな2人で行うアルティメット・エントプティック＝オルギー瞑想を紹介してゆきたいと思います。

●パートナーと2人で行うアルティメット・エントプティック＝オルギー瞑想【石器時代の恍惚の体位によるオルギー瞑想】

まずはパートナーと角度37度の瞑想を挿入をせずにしばらく行ってゆきます。

感覚遮断（目隠しまたは暗い部屋）の状態で、テンポ２００超えのドラムとドラムの低周波音を聴きながら、角度37度の恍惚の体位の状態で、息を長く止めてゆきます。

２人の瞑想を深めてゆき、ステージ３の究極のエロティック・ビジョンを発動させてゆきます。

更にステージ３のビジョンを現実世界に交錯させてゆくようにイメージをしてゆきます。

このようにしてゆきますとＡＲのような現象やセネストパチーの現象が起きてゆきます。

ステージ３のビジョンが現実世界と交錯してゆき、ＡＲ的現象やセネストパチーが発動してきましたら、なるべく時間をかけてお互いの身体を愛撫してゆきます。

その際に交錯させたＡＲ的現象やセネストパチーにおいても愛撫のイメージを重ねてゆ

くことで、イメージ上の登場人物により、身体の様々な部位が性的に刺激されてゆきます。

この愛撫に十分な時間をかけて行うことが重要です。

十分に愛撫が出来ましたら、角度をつけた【恍惚の体位】で、ゆっくりと挿入してゆきますが、これまでと同様に以下に気をつけてゆきます。

・ピストン運動を殆ど行わず、オーガズム直前の快楽であるプラトー期を持続させるようにしてゆきます。
・目隠しをする、または視覚情報を単純化してゆくように相手の目をじっと見つめるなどを行ってゆきます。
・可能な限り呼吸を静かにしてゆく、あるいは逆に呼吸を激しくしてゆきます。

それにより、意識的な酸欠、血中の二酸化炭素濃度を高めてゆきます。

上記の条件を満たした上で、３日間かけて行います。これまでと同様に瞑想の時間は１日30分ほどで問題ありません。

1日目、恍惚の体位で挿入し、30分殆ど動かすことなくじっとしています。

また、AR的現象やセネストパチーにイメージを重ねてゆき、イメージ上の登場人物による性的な刺激を加えてゆきます。

基本的にはオーガズムに達しないようにピストン運動は殆ど行いません。


2日目、1日目と同様に行ってゆきます。


3日目、アルティメット・エントプティック＝オルギーによる【アルティメット・エントプティック＝オーガズム】が発動してゆきます。

3日目では、エロティック・アラウザル・パターン（性的覚醒パターン）を解放させるようにし、ステージ3の究極のエロティック・ビジョンを更に解放するようにしてゆきます。

また、ピストン運動を取り入れてゆき、プラトー期を維持するエッジングやシーメン・リテンションを段階的に解除してゆき、絶頂に達するようにしてゆきます。

アルティメット・エントプティック＝オルギーすなわち【石器時代の恍惚の体位による

オルギー瞑想】は、実際にグループセックスとして行うことで、更にその射程を無限に拡張させてゆくのです……。

セックスとは、技芸にして、技法であり、鍛錬と修行により極めてゆくものです。

セックスとは、瞑想の奥義であり、パフォーマンスの奥義です。

瞑想者や歌い手や踊り手や演技者、芸人は鍛錬するのが当たり前とされておりますが、セックスを鍛錬する発想はまだ一般に流布したとは言い難いように思います。

しかし元来、セックス瞑想とは、瞑想者が極限まで鍛錬した際に伝授されてゆく奥義であり、古代のパフォーマーが極限まで技芸を極めてゆく中でようやくその秘密が明かされてゆく奥義でした……。

こうしたセックスの奥義を極めてゆくことで、我々は、瞑想とパフォーマンスの超達人の領域に入り、セックスの超達人となってゆくことが出来るのです……。

6章では、エロティック・アラウザル・パターンを更に解放させてゆく上で重要な考え方やエラノス会議のセックス瞑想理論、エントプティック≒フォスフェンの研究史、そしてプロトエラノスとされる聖地アスコナの思想とプロトエラノスのバイブルでありましたJJ・バッハオーフェンの理論ついてを解説してゆきたいと思います。

第５章のまとめ

◆ステージ3を発動させるアルティメット・エントプティック＝オーガズム瞑想【石器時代の恍惚の体位】は、右道も左道も基本的には、角度をつけた状態で瞑想を行うことが基本になり、角度37度の姿勢の状態で、（姿勢に無理のないように角度をつけられる椅子などを使用することを推奨）視覚情報を単純化し、意識的に酸欠気味にしながら、テンポ２００超えのドラムとドラムの低周波音を聴きながら、プラトー期を維持するエッジングやシーメン・リテンションを行ってゆき、3日目にエッジングやシーメン・リテンションを段階的に解除してゆき、アルティメット・エントプティック＝オーガズムを発動させてゆく技法。

（図14～図17　アルティメット・エントプティック＝オーガズム瞑想【石器時代の恍惚の体位】1～4）

図 14
アルティメット・エントプティック＝オーガズム瞑想【石器時代の恍惚の体位】 1

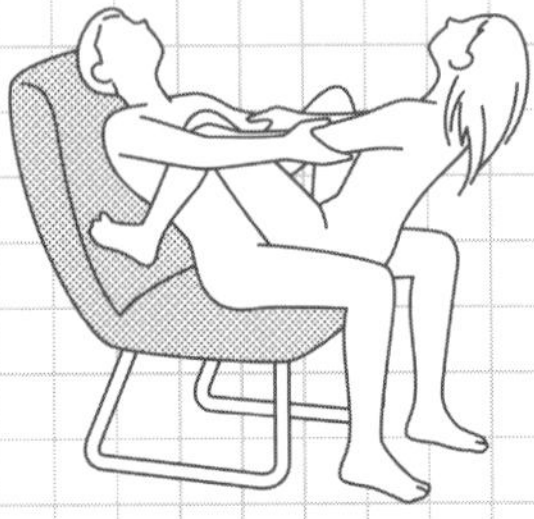

図 15
アルティメット・エントプティック＝オーガズム瞑想【石器時代の恍惚の体位】 2

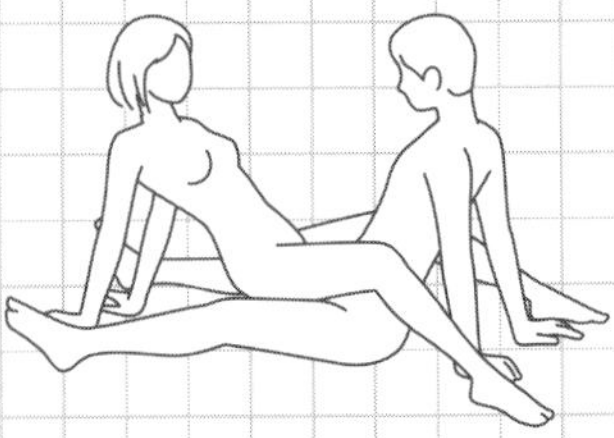

図 16
アルティメット・エントプティック＝オーガズム瞑想【石器時代の恍惚の体位】 3

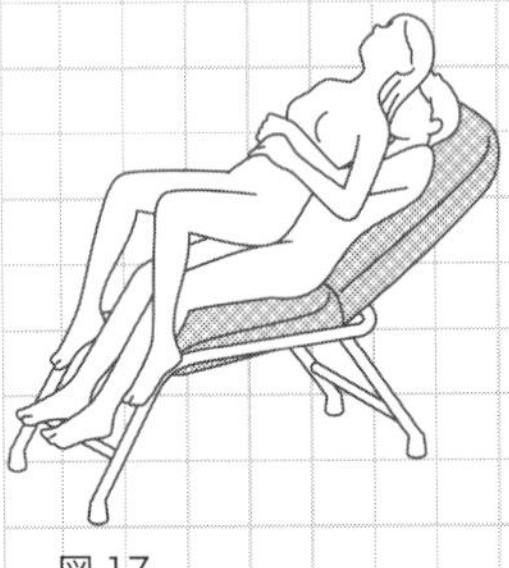

図 17
アルティメット・エントプティック＝オーガズム瞑想【石器時代の恍惚の体位】 4

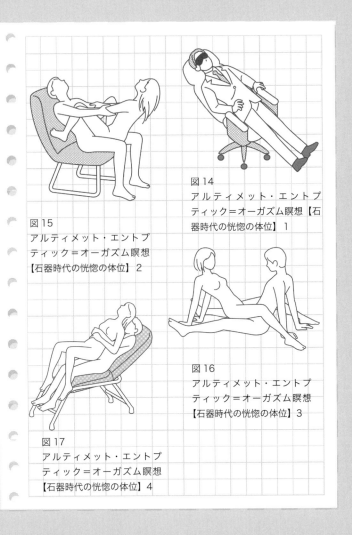

◆右道やアルティメット・エントプティック＝オルギー瞑想の場合は、この角度37度の体位のままエロティック・アラウザル・パターン（性的覚醒パターン）のイメージをステージ3のビジョンと交錯させることが重要になる。

◆ステージ3のビジョンは通常、半獣のビジョンが発動してゆくが、エロティック・アラウザル・パターンによりこのビジョンは変化してゆく（図18と図19　アルティメット・ステージの半獣のビジョン）

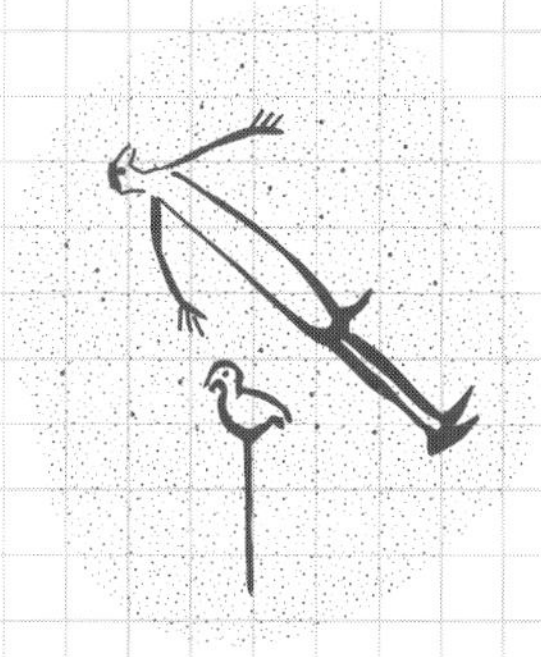

図18
アルティメット・ステージの半獣のビジョン（ラスコー洞窟より）

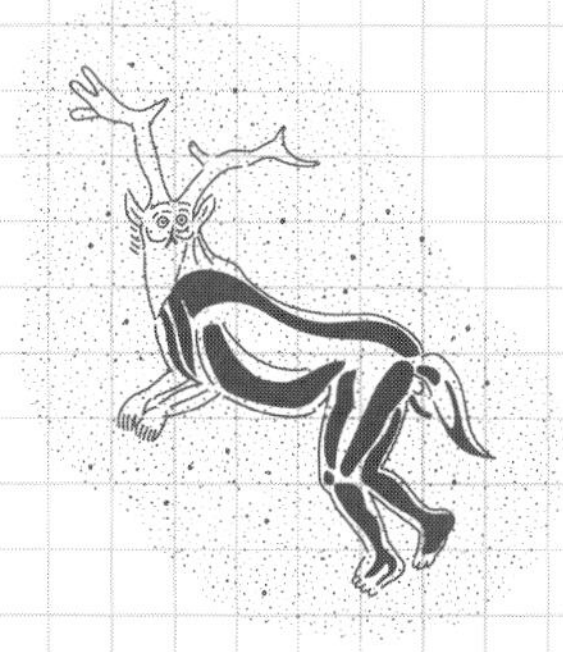

図19
アルティメット・ステージの半獣のビジョン　（レ・トロワ＝フレール洞窟より）

◆アルティメット・エントプティック＝オーガズム瞑想【石器時代の恍惚の体位】は、しゃっくりなどのシベリア先住民の瞑想技法を併用することでもその精度を高めることが出来る。また、シベリア先住民の瞑想の奥義には鹿やトナカイのセックスを模倣したものがある。

◆鹿やトナカイは、あらゆるシャーマニズムのセックス瞑想、シャーマニックセックス瞑想やタオイズムにも影響を与えた偉大なセックス瞑想マスターである。

（図20　偉大なセックス瞑想マスターのシャーマニズムの奥義シャーマニックセックス瞑想）

図20　偉大なセックス瞑想マスターのシャーマニズムの奥義シャーマニックセックス瞑想

第6章

エラノス会議と聖地アスコナにおける
バッハオーフェンの母権論と
セクソロジー〜理論編〜

エラノス会議とプロトエラノスと性の文化

5章までで、セックス瞑想における究極中の究極の領域の実践法について解説してきましたが、6章では、セックス瞑想の理論やエロティック・アラウザル・パターンを解放してゆくために重要な様々な性の文化やセクソロジー（性の科学）についてを解説してゆきたいと思います。

その中でも特に重要なことは、セックス瞑想の究極の領域を発見した【エラノス会議】には、その基層となるものが存在していたということです。

それは、【プロトエラノス】とも言うべきものであります。

【プロトエラノス】とは、スイスとイタリアの国境地帯にある【聖地アスコナ】の文化とそのアスコナで聖典とされていた【バッハオーフェンの母権論】により、リバイバルされたプロトゴルゴンなどの【地母神】を中心とした古代のセックス瞑想の復興運動を指します。

この【アスコナ】の性の解放の文化が【エラノス会議】の基層に存在していたのです……。

世界最高の伝説の瞑想学会！エラノス会議とは？

【エラノス会議】は、世界最高の瞑想学会とされ、世界中のすべての瞑想、すべてのシャーマニズムをあらゆる学問を縦断し、学際的に研究してゆきました。

エラノスの中心メンバーには、心理学者として著名なユング、宗教現象学の大家であるルドルフ・オットー、ミルチャ・エリアーデ、イスラーム・グノーシス研究の大家アンリ・コルバン、カバラ研究の大家ゲルショム・ショーレムなどがおり、錚々たる顔ぶれです。

更にパフォーマンス研究のパイオニアとされる折口信夫の薫陶を受けた井筒俊彦により折口信夫の思想もエラノスに影響を与えてゆきます。

他にも京都学派の研究者の方々がエラノスで活躍してゆきました。

また、【エラノス会議のエントプティック≒フォスフェン理論】の基礎を築いたのはマックス・クノールです。

マックス・クノールもまた、エラノスの中心メンバーであり、エントプティック≒フォスフェン研究の権威です。

マックス・クノールのエントプティック≒フォスフェン研究は、世界中の様々な瞑想やシャーマニズムのコアに神経科学的な光があることを明らかにしてゆきました。

【エラノス会議】は、タオイズム、タントラ、メルカバー、スーフィズム、ヨーガ、ヴィパッサナー、世界各地のシャーマニズム、グノーシス主義、ネオプラトニズム、錬金術、ウパニシャッド、バガヴァッド・ギーター、シャンカラ、マイスター・エックハルト、パラケルスス、などの瞑想を研究してゆき、その核に神経科学的な光であるエントプティック≒フォスフェンがあることを明らかにしていったのです。

また、【エラノス会議】は世界各地のセックス瞑想を研究してゆきました。

タントラにおけるマイトゥナやマハースカ、還精補脳や双修派 の内丹術などの房中術、世界各地のオルギー瞑想、オルギア瞑想、ヒエロスガモス、ファティリティ・ライト、ディオニュソスの秘儀、エレウシスの秘儀、ヴァレンティヌス派の新婦の部屋の秘跡、カルポクラテス派、フィビオナイト派、スーフィズム、カバラ、原始神道、セックスマジック、シャーマニズムにおける鹿・トナカイのシャーマニックセックス瞑想の奥義、等々の世界各地のセックス瞑想を研究し、そのコアを取り出し神経科学的にブラッシュアップしていったのです。

【エラノス会議】をご存知の方でもエラノスとセックス瞑想というと意外に感じられる方もいらっしゃるかと思いますが、そもそも前述しましたように、【エラノス会議】はその開催地である【アスコナ】の精神を基礎にしているのです。

そしてこの【アスコナ精神】こそ石器時代のセックス瞑想を基層にしているのです。

次は、【エラノス会議】の基層にある【プロトエラノス】ともいうべき、【アスコナ精神】についても詳しく見てゆきましょう。

聖地アスコナの石器時代のセックス瞑想と地母神とバッハオーフェンの母権論～エラノス会議の基層～

【エラノス会議】が行なわれていたイタリアとスイスの国境地帯にある【アスコナ】は古い【地母神信仰】の盛んな地であり、シリアの女神やアスタルテの復活などといった【原初的な地母神】に関することが、【アスコナ】（モンテ・ヴェリタ）における根源的なテーマでした。

また、【バッハオーフェンの母権論】を聖典とし、エロスの解放、女性の神聖、ディオニュソスなども【アスコナ精神】の重要なキーワードであったのです。

この【アスコナ精神】を顕した作品として有名なものにゲルハルト・ハウプトマンの『ソアーナの異教徒』があり、この作品を【アスコナ思想】の核であると考える研究者もおります。

また、性の革命の中心的人物として著名なD・H・ロレンスの『恋する女たち』は【アスコナ思想】からの影響が反映されている代表的な作品です（アスコナ～モンテ・ヴェリタ～をテーマにした作品は、２０２１年にステファン・イェーガー監督により映画化もされております）。

更に【アスコナ】では、秘密結社Ｏ・Ｔ・Ｏの首領にして、セックスマジックの達人として知られているテオドール・ロイスや性の解放者の先駆的な存在の１人であり、【原初の地母神】であるアスタルテの復興運動の中心人物であり、精神分析医でもあり、セクソロジー的な深層心理学を継承したオットー・グロースなどが活動していました。

そして、【アスコナ】は、【ボヘミアニズムの聖地】でもあり、この【ボヘミアニズム】においては、性の解放、フリーラブを唱えるラディカルなセックス思想が展開されてゆき、その思想はビートニク、ヒッピーのフリーセックスへと継承されてゆき、カウンターカルチャー、サブカルチャー全体に多大な影響を与えてゆくのです。

また、ダダイズムの大家であるフーゴ・バルもアスコナ所縁の人物であり、【アスコナ】はダダイズムの聖地や菜食主義の聖地としても知られており、ダダイズム、シュルレアリスムなどの前衛芸術、食文化、その他、フェミニズム、ジェンダー研究、ヌーディズム（裸体主義）の聖地とされ、様々な分野に多大な影響を与えてゆきました。

更に【アスコナ】は神智学、人智学といったエソテリシズム的瞑想をリバイバルした団体の拠点でもあったのです。

それ故に【アスコナ】と【エラノス会議】は、20世紀の文化全体の縮図であったとも称されているのです。


また、身体論やパフォーマンス論においても【エラノス会議】以前に【アスコナ】自体が聖地とされていたのです。

それは、20世紀の身体性の基礎を創造したイサドラ・ダンカンやルドルフ・フォン・ラバン、マリー・ヴィグマンなどが、【アスコナ】と所縁のある舞踊家だったということに尽きます。

イサドラ・ダンカンの身体性はエドワード・ゴードン・クレイグに影響を与えてゆき、アルトーに継承されてゆきます。

そして現代演劇の基礎を作り出したオルタナティブ演劇のムーブメントへと繋がってゆ

くのです。

また、ラバンのエフォート理論もライヒの筋肉の鎧の解放のボディワークとして位置付けられているものですし、同じくマリー・ヴィグマンの影響から生まれた暗黒舞踏もライヒ系の身体論の条件を満たしており、筋肉の鎧の解放のためのボディワークであると考えられているのです。

また、【エラノス会議】の中心メンバーであったメダルト・ボスは、メルロ＝ポンティの身体論の発展型ともされた現存在分析の権威なのです。

このように【エラノス会議】はパフォーマンス理論、身体論においても最高レベルの研究が行なわれていたのです。

最後に忘れてはならないことは、上述したように性の革命に多大な影響を与えた『チャタレイ夫人の恋人』のD・H・ロレンスもまたアスコナ所縁の小説家でした。

『チャタレイ夫人の恋人』におけるセックスは精度の高い瞑想の領域が描かれていました。

D・H・ロレンスはセックスにより生命力を活性化させ、生命力の本来持つ力のすべてを引き出せると考えていたのです。

性革命の中心人物の1人であるD・H・ロレンスもまた【アスコナ】の作家であり、【プロトエラノス精神】の持ち主なのです。

【原初の地母神】アスタルテの復活、プロトアプロディテ、エロスの解放、【バッハオーフェンの母権論】、女性の神聖、ディオニュソスのオルギア、これらが【アスコナ精神】の核にあり、【エラノス会議】の基層にあるものなのです……。

これらの【アスコナ】の根源的キーワードこそ、人類のあらゆるセックス瞑想の深奥を明らかにしてゆくための基礎になり、これらの根源的なテーマが【エラノスの神経科学】によりブラッシュアップされたことで、確実なエントプティック＝オーガズム瞑想、確実なエントプティック≒フォスフェンのアルティメット・ステージの発動を可能とする究極のセックス瞑想メソードが生まれたのです。

神経科学的光（フォスフェン、エントプティック）の研究史

本書のセックス瞑想の要は、究極の快感ブーストにして、悟りやサマーディを超える瞑想における究極の意識領域を司る【エントプティック≒フォスフェン】にありますが、【エントプティック≒フォスフェン】は、どのようにして研究されていったのでしょうか？

ここでは、【エントプティック≒フォスフェン】の神経科学的な研究の歴史を振り返ってゆきたいと思います。

【エントプティック≒フォスフェン】の科学的研究はチェコの生理学者であるヤン・エヴァンゲリスタ・プルキニェにより始められました。

そして、より総括的な研究は、神経解剖学の権威であるハインリヒ・クリューバーによる【フォームコンスタント理論】や【エラノス会議】の中心メンバーであったマックス・

クノールによる【エントプティック≒フォスフェン研究】により行なわれてゆきました。

また、ジョン・ヒューリンググス・ジャクソン、カール・ヤスパース、クルト・シュナイダー、オトフリート・フェルスター、ジェラルド・オスター、ロナルド・シーゲル、J・H・シュルツ、モーリス・バック、コリン・マーティンデールなども【エントプティック≒フォスフェン】の重要な研究者として押さえておくべきです。

これらの様々な【エントプティック≒フォスフェン研究】、あるいは【フォームコンスタントの研究】が、エリアーデやアンリ・コルバンなどにより【エラノス会議】に紹介されてゆき、世界中の瞑想の根源に通底する究極の奥義を発見してゆく基礎理論になってゆくのです。

また、【エラノス会議】の【エントプティック≒フォスフェン研究】を継承した【認知考古学】（認知科学）によっても、究極の瞑想である石器時代の瞑想研究は進められアップデートされていったのです。

セクソロジーと性典（カーマ・スートラ、匂える園、アルス・アマトリア、素女経、等）について

ここからは、【エロティック・アラウザル・パターン】を更に解放してゆくために重要な様々な性の文化について解説してゆきたいと思います。

セクシュアリティ研究の聖典とされるフーコーの『性の歴史』によると、アジアでは【性愛の技法】が発達し、西洋では【性科学】が発達したと説かれています。

そして、西洋の【性科学】（セクソロジー）は教会における【告解】（告白）と呼ばれる性的な罪を懺悔し、詳細に神父（神父を通して神に告白する）に話すという儀礼から展開していったと考えたのです。

性の科学的研究には18世紀のマスターベーション理論を展開させた『オナニア』などもございますが、本格的な科学的な研究は19世紀に入ってからです。

19世紀後半から20世紀初頭の偉大なセクソロジスト（性科学の研究者）のレジェンドに

は、【セクソロジー】の創始者として知られているイヴァン・ブロッホ、性倒錯を体系化したクラフト＝エビングや相対会に影響を与えたハヴロック・エリス、第3ジェンダー論を確立し、世界初の性科学研究所を設立したヒルシュフェルトなどがおります。

また、性エネルギーを再発見し、リビドー論を提唱したフロイトの影響も計り知れないものがあります。

戦後には、【性革命】に直接的な影響を与えたキンゼイ報告で知られるアルフレッド・キンゼイや生理的に性反応を研究したマスターズ報告で知られるマスターズとジョンソンが登場してきます。

キンゼイやマスターズとジョンソンは映画化もされており、ご存知の方も多いでしょう。

更に人類学において先住民のセックス瞑想を研究していった代表的な研究者には、マリノフスキー、マーガレット・ミード、アイザック・シャペラ等が挙げられます。

また、クラフト＝エビング、マリノフスキー、マーガレット・ミード、フィリップ・アリエスなどの流れの集大成としてフーコーの『性の歴史』があるということも押さえておくべきところです。

一方、主にアジアで発達したとされる【セックスマニュアル】(性愛の技法)の古典的名著には、インドの性愛の聖典とされる『カーマ・スートラ』、『コーカ・シャストラ』(ラティラハスヤ)、『アナンガ・ランガ』、アラブの『匂える園』や『エルクターブ』、中国の『素女経』や『黄帝内経』、日本における『医心方』や『黄素妙論』『閨中紀聞 枕文庫』などの古典的名著があります。

また、西洋におきましても古代ローマの『アルス・アマトリア』や『アルス・アマトリア』に多大な影響を与えたとされる伝説的なヘタイラであったフィラニスにより記された伝説的な【古代のセックスマニュアル】など優れた【セックスマニュアル】は存在しておりましたが、残念ながら西洋世界では、長年に渡り【セックスマニュアル】は禁止されてきたのです。

西洋世界から再び優れた【セックスマニュアル】が登場し始めるのは19世紀後半からです。

中でも【近代セックスマニュアル】の初期の傑作とされるのはマリー・ストープスの『結婚愛』、ヴァン・デ・ヴェルデの『完全なる結婚』が挙げられます。

そして、【近代セックスマニュアル】の中でエッジングやブレンド・オーガズムを体系化した革分け的な存在であるアレックス・コンフォートの『The Joy of Sex』が【性の革命】のまさに全盛期に登場し、【性の革命】を大いに盛り上げていったのです。

性革命とは何か?~性革命からポルノ映画、ブルーフィルムの名作まで~

【性の革命】という言葉は、これまでにも何度も申し上げてきましたが、ここでは、【性の革命】とは一体どのような意味なのかを改めて解説してゆきたいと思います。

【性の革命】とは狭義には1960年代から1980年代までの性を解放してゆく文化的な現象を指しますが、それ以前にも様々な性革命があったとされており、フロイト、ブロッホ、ヒルシュフェルト、エリス、ヴィルヘルム・ライヒ、キンゼイ報告、あるいはD・H・ロレンスの『チャタレイ夫人の恋人』やシュルレアリスムなどにより、性の解放の思想は準備されてゆきました。

セクシュアリティ研究の金字塔とされるフーコーの『性の歴史』などを考慮するならば問題は少し込み入った話になってきますが、古くはアウグスティヌスによる性の抑圧や19世紀のヴィクトリア朝における性的な抑圧の影響が20世紀にまで及んでいたのをD・H・ロレンスやフロイトを皮切りに性的抑圧からの解放が始まりました。

20世紀は特に1960年代以降の【性の革命】による解放により、ポルノグラフィは盛んになりました。『チャタレイ夫人の恋人』、『O嬢の物語』、ヒッピー達から性革命の父と称されたヘンリーミラーの『北回帰線』などもこの時期にリバイバル（再評価）されてゆきます。

また、20世紀のポルノグラフィは写真、映像によるポルノグラフィが量産されてゆきました。

特に60年代後半のアンディ・ウォーホルの『ブルー・ムービー』を皮切りにして、ジェラルド・ダミアーノ監督によるハードコアポルノの傑作『ディープ・スロート』、や『グリーンドア』、ハードコアポルノの巨匠ラドリー・メッツガー監督の『ミスティ・ベートーベン』などの名作が生まれております。

また、フリークショー的なモンド映画の存在や映画研究者であるリンダ・ウィリアムズによりポルノ映画学が確立されたのも注目すべきことです。

日本においては、1910年代頃からブルーフィルム（ポルノ）が観られるようになり、海外からはフランスものが多く入ってきました。

代表作とされるのは、1920年代の名作『額縁』、この作品はストリップの元祖とされる額縁ショーに影響を与えたと言われております。他にも『TAX』や大作として知られる『グランドホテル』などが代表的な作品です。

そして様々な傑作が誕生してゆきました。土佐のクロサワ・グループによる『風立ちぬ』や『柚子ッ娘』はブルーフィルムを象徴する超名作です。

また、『風立ちぬ』と並ぶ名作とされる『鯉と龍』や噂ではウォルト・ディズニーにも多大な影響を与えたとされる木村 白山による『すゞみ舟』等々……。浅草、高知、大阪などを中心にブルーフィルムの名作が生み出されてゆきました。

また、これらブルーフィルムの基本を我々に教えてくれる名作に野坂 昭如による長編小説『エロ事師たち』があります。

『エロ事師たち』は、今村昌平により映画化もされました。更に今村昌平はピンク映画の第一号ともされる左 幸子の主演による『にっぽん昆虫記』により、日本列島の原初のエロスを描きだしていったのです。

このピンク映画界からもピンクの女王とも称された香取 環や若松孝二のような巨匠が生まれ、日活ロマンポルノからも巨匠・神代 辰巳や田中 登、ロマンポルノの名優・白川和子、SMの女王・谷ナオミなどが登場してきます。

また、何よりも竹中労や岡田茂、中島貞夫によるモンド映画の傑作『にっぽん'69 セックス猟奇地帯』をはじめとしたセックスドキュメントシリーズという日本のアングラ・セックス文化の百科事典的内容にして、日本ポルノ史上の最高傑作の一つを生み出した東映ポルノの存在も忘れてはならないでしょう。この東映ポルノからも石井輝男などの名匠が生まれています。

こうした日本ポルノ史の原点とも呼べる存在が上述しました土佐のクロサワ・グループ(海老原グループ)や関西の矢野グループだったのです。

はりまや橋や玉水新地は、土佐のクロサワ・グループの聖地とされる場所であり、それは、日本ポルノ全体の原点であり、最大の聖地の一つです。

また、玉水町の遊郭、玉水新地の女性たちが土佐のクロサワ・グループの作品には多く登場していたのです。

土佐のクロサワ・グループやブルーフィルムの帝王と称された関西最大のエロ事師である矢野卓也による矢野グループをはじめとしたブルーフィルムの作品群は現在では極一部のものしか観ることは出来ませんが、生々しい身体性が描かれており、当時の空気感を伝えてくれるものであり、現在の日本のポルノ文化の基礎を作り上げたものであることは明白です……。

そして、時代は代々木忠監督や裏ビデオの名作『洗濯屋ケンちゃん』により現代のＡＶの時代へと入ってゆくのです。

世界各地の強力なセックス瞑想（オルギー、オルギア、ヒエロスガモス、ファティリティ・ライトなど）

一般的に知られております。セックス瞑想であるタオイズムやタントラ以外にも世界各地には強力なセックス瞑想が存在していることは、これまでにも解説してきましたが、ここでは、より詳細に様々なセックス瞑想を見てゆきたいと思います。

本書の主題でありますエラノス瞑想を考える上でまず重要なものは、【エラノス会議】の基礎にもなったグノーシス主義に伝わるセックス瞑想です。

特にグノーシス主義のカルポクラテス派、ウァレンティノス派の新婦の部屋の秘儀は有名です。

またグノーシス主義の開祖とされるシモン・マグスやその流派もまた、【プロトエラノス】のバイブル的な理論を提唱したバッハオーフェンがその古代的な力を認めたのと同様に遊女の中にある変性意識術における潜在能力の高さを認めていた達人でした。

そして、こうしたあらゆるセックス瞑想の基層にあるものとして【エラノス会議】が考えたものが、世界各地にある農作物の豊作を祈る【豊穣儀礼】（ファティリティ・ライト）なのです。

この儀礼では乱交的な【オルギー的】、【オルギア的】なもの、聖なる結婚とされる【ヒエロスガモス的】なものが要になっている事が知られております。

これらは強力なセックス瞑想であり、人を変性意識状態にする効果があるのです。

また、この【豊穣儀礼】には古代人のアナロジー思考が働いていると考えられており、植物の成長と人の生殖行動とを同じものと捉えて、性行為を農作物に見せることで植物の成長を促すことが出来ると考えたのです。

この【豊穣儀礼】の要の一つである【ヒエロスガモス】の代表的なものには、五月祭やネミの森の風習などが挙げられ、代表的な【オルギー】、【オルギア】には古代におけるディオニュソスの秘儀やエレウシスの秘儀あるいは中世から近世の代表的【オルギー】とされるサバトなどがありますが、これらは世界各地に存在しております。
アフリカの代表的な【オルギー】、【ヒエロスガモス】には、東アフリカのバガンダ族や西アフリカのエウェ族によるオルギー、聖婚により豊穣を確保するものがありますし、インドの先住民であるオラオン族のオルギーもエウェ族のオルギーに近い構造を持っております。

また、インド先住民では、ホス族もラディカルなオルギーの祝祭持っていることが知られております。

北アフリカでも、ベルベル人による代表的なヒエロスガモスがあります。
他にも中央アメリカのピピル族のオルギー、中国のオルギー、オセアニアのフィジー島のオルギーやヒエロスガモス、ガジュ・ダヤク族のオルギー、アボリジニのオルギー、マルガシュ族のオルギー、エスキモーのオルギー、なども【エラノス会議】により研究されてきました。

あるいは、バビロニアのアキーツ祭も重要なオルギー的祝祭として知られております。

これらの【豊穣儀礼】（ファティリティ・ライト）や【ヒエロスガモス】、【オルギー】、【オルギア】は根本的には石器時代の【地母神信仰】に基づくと考えられております。

エロティシズムをラディカルに探究したバタイユによっても注目された【ヴィレンドルフのヴィーナス】や【レスピューグのヴィーナス】あるいは【縄文の土偶】などのエロティック・アートも【地母神信仰】の顕れと考えられており、こうしたセックス瞑想の基層を我々に教えてくれるのです。

セイクリッド・プロスティチュート（聖なる娼婦）のセックス瞑想

もう一つ我々にセックス瞑想の極意を伝えてくれる存在があります。

古代のセックス瞑想の達人であった、いわゆる【神聖娼婦】（セイクリッド・プロスティチュート）です。

ここでは、【神聖娼婦】（セイクリッド・プロスティチュート）について見てゆきたいと思います。

最も有名な【セイクリッド・プロスティチュート】は、イナンナやイシュタルと関連した古代メソポタミアの神聖娼婦とインドのデーヴァダーシーですが、類似の神聖娼婦は中央アジアや西アフリカのヴォードゥーシーなどがおります。

そして、デーヴァダーシーなどは、ポンポワールやカブザと呼ばれる膣を自在に操る究極の性の奥義を持っていたことが伝えられているのです。

また、ポンポワール的な性技の達人はエチオピアやアラブにも存在しております。

これらの【神聖娼婦】のセックス瞑想も強力な意識変容と豊穣な大地の活性化のために行われていたのです。

また、【神聖娼婦】は元より歴史的な遊女たちもセックス瞑想に匹敵する態を持っていました。

インドのガニカー、中国の妓女、朝鮮の妓生、古代ギリシャのヘタイラなど世界各地に優れた遊女たちがいたのです。

ガニカーはあのカーマ・スートラに記されている64芸を極めた至高の遊女であり、日本の遊女にも〜あしかぶり〜と呼ばれる性の奥義があることも有名です。

日本はインド以上の性の大国であると、人類学的性研究の大家であるG・ブーシャンが称しており、日本のセックスワーカーにも古代のジャレメや珠名娘子のような優れた遊女がいたことが記紀や万葉集あるいは大江匡房の『傀儡子記』や『遊女記』に記されております。

また、梅原北明と並び称される性の達人である宮武外骨などの報告によると日本の遊女は450種類ほどの異名があると言われており、古代のジャレメ、遊行女婦、遊女、中世には、傀儡女や白拍子。近世には、遊里の遊女や芸妓、湯女、比丘尼、夜鷹、飯盛女、矢場女、などの様々な遊女がいました。

近代に入ると矢場のシステムを継承した現代でいうところのピンサロのような銘酒屋全盛の時代に入り、戦後は赤線、青線そしてソープランドの前身であるトルコ風呂と展開していったのです。

よく、古代の遊女は絶賛するが、現代のセックスワーカーを差別する研究者がおりますが、それは誤りです。

セックスは常に意識を変容させるものであり、我々の中に眠る変性意識状態の最高の領域である【ヌミノーゼ】や【アンチコスモス】を発動させる力があることに古代も現代も変わりないのです。

現代のセックスワーカーも痴女の元祖とされる南　智子さんのような名人は言うまでもなく、優れたセックスワーカーにはセックス瞑想に近い効果を発揮出来る方は少なくありません。

また、【エラノス会議】の中心メンバーであったエリアーデは、女性の裸はそれだけで宇宙開闢レベルの意識の変容を発動させる効果があることを説いています。

すなわち女性の裸あるいは【エロティック・アラウザル・パターン】には超変性意識を発動させる効果があるのです。

ストリップやエロティックな技やセックスが世界を救う、世界のバランスを調える神話は世界各地にありますが、これは神経科学的に見ましても理に適っているのです。

そして、近代最強最大の究極の【セイクリッド・プロスティチュート】（神聖娼婦）とされるのが、本荘幽蘭です。

本荘幽蘭とは、【エラノス会議】にもその理論が取り入れられた知の巨人　折口信夫の学問形成に影響をあたえた柳田國男、藤無染と並び、重要とされる人物で、とてつもない意識変容力のあるセックス技法を持っていたことが知られております。

そしてその影響力は日本のみならず、アジア全土にその性愛術の素晴らしさが伝わっている超達人でした。

この本荘幽蘭のような超達人は、かつて古代の日本では【水の女】と呼ばれる存在でした。

この【水の女】とされる丹生、丹波氏、みぬめ、には超強力なセックス瞑想が伝承されてきたことを折口信夫は示唆しております。

古代の日本において褌は、極端な禁欲のための装置としても機能していました。

古代日本における褌は、ある種のシーメン・リテンションあるいはコイタス・リザーバタス、エッジング的機能を持っていたのです。

そして、ある一定期間を過ぎると【水の女】により、褌から解放され、至高の性の解放が行われたと言われております。

この古代の至高の性の解放術は【柔び和らぐ神秘神態】と呼ばれており、それは【ヒエロスガモス】の最高レベルのものであり、おそらくは人類史上の快楽の中でも至高中の至高にして最強最大のものの一つであるように思います。

そしてその意識変容力もとてつもないものがあり、パフォーマンスの王、芸能王、瞑想王、あるいはセックスマジックの王とも呼びうる潜在能力を開花させる力があったとされているのです……。

性の祭りと性の神について

前述しましたように、日本のセックス文化は、性の人類学者たちからも称賛されてきましたが、その根源には性的な祭りや性の信仰の存在があり、これらを捉えておくことはセックス瞑想のためには必須です。

ここでは、日本の性の信仰と性の祭りを中心に、世界の性の信仰と性の祭りも解説してゆきたいと思います。

【性器崇拝】は、古くは縄文時代の石棒などございますが、日本の性神は大きく分けますと道祖神系や金精神系、陰陽石系あるいは歓喜天系などがあります。また、世界では、有孔棒（指揮棒）やインドにおけるリンガやヨーニも代表的な【性器崇拝】です。

そもそも性器にはマジカルな力があり、魔除けになると信じられてきたのです。

日本列島の最も原初的瞑想が伝承されてきたと考えられるアイヌにおきましても性器に

よるホパラタと呼ばれる魔除け効果が信じられてきたのは有名です。

また、アプロディテ、デメテルやイシスなどの地母神や豊穣神は、基本的には性愛の信仰とも繋がりがある場合が多く、ルーツ・セックス瞑想である世界各地の【ヒエロスガモス】や【オルギー】、【オルギア】、【ファティリティ・ライト】、とも極めて関係が深いのです。

性の祭りや性の儀礼はあらゆるパフォーマンスやあらゆる瞑想のルーツであり、究極の奥義として世界各地にあるのです。

その最も根源と呼べるのは、やはり【縄文の土偶】や【レスピューグのヴィーナス】や【ヴィレンドルフのヴィーナス】、【ローセルのヴィーナス】のような【ヴィーナス小像】、【アングル・シュル・ラングランの岩陰浮彫】、【ペシュメルルの洞窟】などに関連した地母神的な祝祭や儀礼、あるいは【縄文の石棒】と呼ばれる男根型の石器に関連した祭祀などであり、次の段階にはディオニュソス的なオルギア、オルギー的なセックス瞑想があるのです。

こうしたセックス瞑想は基本的には【ヒエロスガモス】、【オルギー】、【オルギア】、【ファティリティ・ライト】といった形態やその複合型で行われてきた可能性が高いのです。

日本での性の祝祭や儀礼の代表的なものには性の民俗学者として著名な中山太郎が研究してきた、筑摩神社の鍋冠祭、鵜坂神社の尻打祭、鹿島神宮の常陸帯、奥州の錦木の祭、大原の江文神社の雑魚寝といったいわゆる五大奇祭や、同じく性の民俗学者の代表である赤松啓介が代表的な性の民俗とする塞の神まつりや道祖神祭り、府中の暗闇祭り、宇治の縣祭り等は代表的な性の民俗です。

また、赤松啓介により調査された奈良県生駒市の宝山寺なども重要なセックス瞑想の地であることは押さえておくべきところです。

他にもパフォーマンスのルーツを研究した折口信夫や小沢昭一が原初の芸能と称した飛鳥坐神社のおんだ祭や、あるいは、へのこ祭、おそそ祭なども最も有名な性の民俗の一つです。

【エラノス会議】に多大な影響を与えた折口信夫の高弟である池田 彌三郎は、祭りの中心は【神聖なる結婚】（ヒエロスガモス）にあると説いております。

また、折口学派が重要視した三信遠国境地帯には究極のオルギー的祝祭である木の根祭りがあるのです……。


最後に、性の研究者には未だに埋もれている達人がまだまだいるということを押さえておく必要がございます。

ファリシズムなどの性の神の研究で代表的な研究者に斎藤昌三、出口米吉、西岡 秀雄、伊藤堅吉 などがおりますが、性の研究者は、やはり知る人ぞ知る達人である傾向があります。

赤松啓介は再注目されましたが、斎藤昌三、出口米吉、中山太郎なども再び注目すべき研究者だと言えます。

古代のストリップから近代のストリップ

ストリップというパフォーマンスの起源は極めて古く、その変性意識術としての効果の高さは、古代から経験的に知られていました。


ここでは、ストリップについて解説してゆきたいと思います。

ストリップといいますものは、そもそも日本のパフォーマンスや瞑想のルーツとされております。

日本のパフォーマンスや瞑想のルーツにあるとされるのが、アメノウズメのストリップによる【ホト（女性器）のタマフリ】です。

いわゆる古代の【特出し】（ご開帳）ですが、【特出し】こそが、瞑想とパフォーマンスのルーツにして究極の奥義だったのです。

また、メソポタミア神話におけるイシュタルによるストリップも有名であり、どちらもとてつもない変容力を持つことで知られております。

こうした古代のストリップの系譜に連なる、近代ストリップ以前の代表的な日本のストリップには、〈それつけやれつけ〉というフリークショー的（見世物的）なラディカルなストリップがありました。

日本の近代ストリップは甲斐美春の額縁ショーから始まりますが、極めてルーツパフォーマンス性を継承してゆく形で展開されていったのです。そして、ジプシーローズのような伝説的なスターから、メリーローズ、メリー松原、一条さゆり、桐かおる等々の様々な名ストリッパーが登場してゆきます。

特に一条さゆり、桐かおるは小沢昭一により原初のパフォーマンスとして捉えられてきたことは有名です。

ストリップは学問的には、いわゆるセックスショーの一部に分類されていますが、インドにおいても極めてアクロバティックなセックスショーが放浪芸人により行なわれており、日本におきましても近世以前には前述の〈それつけやれつけ〉以外にも様々なフリークショー的なセックスショーが行われていたのです。

また、近代の伝説的セックスショー集団であったパンタライ社なども〈それつけやれつけ〉的な精神を継承した優れたセックスショー集団でした……。

セックス瞑想の達人と性の達人たち

ここでは、セックス瞑想の達人や性の達人を詳細に紹介してゆきたいと思います。セックス瞑想の精度を上げるために必要な【エロティック・アラウザル・パターン】を解放するためには、数多くの達人を知ることが重要なのです。

まずは、最も根源的な自然界の達人から見てゆきたいと思います。

自然界のセックスの達人と申しますとボノボ、蛇、オットセイなどが挙げられます。

ボノボは自然界の中でも最も多彩なセックスを行い、乱交も行っております。

一説では、人類のセックスの本来の形は彼らの中にあるとも考えられており、我々にとって偉大な野生のセックスマスターなのです。

オットセイも漢方薬の精力剤の代表格であり、そのセックス能力の素晴らしさはこれまでも称賛されてきました。

縄文土器の中にも海獣類が交尾する姿をかたどったものがあり、縄文人からもそのセックスエネルギーが憧憬されていたようです。

また、世界最強のセックスの楽園とされるのがタヒチ島であり、タヒチ島の放浪のパフォーマンス集団であるアリオイによるセックス瞑想は既存のセックス瞑想の中では最高レベルのものの一つになります。

他にも世界で最も性交頻度の高い民族であるタンザニアのチャガ族やマリノフスキーが

研究したトロブリアンド諸島民、日本の性の人類学の草分け的存在である松園 万亀雄が研究してきたケニアのグシイ族、バッハオーフェンやモルガンにより注目されてきたイロコイ族などもセックス瞑想を考える上で重要な民族です。

また、オーソドックスなところでは、インドの古層のセックス瞑想をリバイバルし、ネオタントラにも多大な影響を与えたラジニーシやセックスマジックをリバイバルし、20世紀最大の魔術師と謳われたアレイスター・クロウリー、現代のカーマスートラとも称され、タオイズムを研究し、ポリネシアンセックスを広めたジェイムズ・N.パウエルなども現代のセックス瞑想を代表する人物であることは間違いないでしょう。

また、狭義の性の文化における達人で別格とされるのが、一般に日本の性文化における二大達人ともいえる存在であり、現在のいわゆるポルノ雑誌（成人向け雑誌）のルーツとされるカストリ雑誌以前の性カルチャー（エロ・グロ・ナンセンス）の巨匠である宮武外骨と梅原北明が挙げられます。

日本の近代性カルチャーの基礎を築いたのは、この二大巨匠であると言っていいでしょう。

他にも、日本的ＳＭの基礎を築き上げた伊藤晴雨や伝説のＳＭパフォーマーとされる長田英吉、ＳＭ文学の第一人者である団鬼六、緊縛の達人である明智伝鬼などの日本のＳＭの達人たちの態（わざ）や『家畜人ヤプー』の沼 正三のＳＭ宇宙論とも言うべきＳＭ哲学は究極のオーガズム瞑想を極めてゆくために必須な考えであるように思います。

更に、近代日本のセックス文化で忘れてはならないのが、山本宣治や小倉清三郎、高橋鉄といった日本におけるレジェンド・セクソロジストですが、彼らは、ある意味ではヒルシュフェルト、エリス、キンゼイといったセクソロジスト以上にセックスの本質を捉えていたように思うのです。

それは、最高のセックス文化を持つとされる日本の風土による影響もあるように思います……。特に高橋鉄の性の思想はセックス瞑想や原初のパフォーマンスの研究に多大な影響を与えてゆくことになるのです。

また、サドやバタイユ、澁澤龍彥、種村季弘などはエロティシズムの本質を考える上で我々に最高のインスピレーションを与えてくれるものになります。

エロティック・アート～性の絵画、エロティック文学、エロティック民謡（バレ歌）～

様々なエロティック・アートも【エロティック・アラウザル・パターン】解放のために参考になります。

ここでは、性の絵画、エロティック文学、エロティック民謡などについて解説してゆきたいと思います。

まずは西洋の性の絵画から見てゆきましょう。西洋における性の絵画（エロティック・アート）は、キリスト教による性の抑圧が減少するルネサンス期に花開き、アルブレヒト・デューラーやバルドゥング・グリーンなどの優れたエロティック・アートを描く画家が登場してきます。

また、エロティック・アートの領域を完成させたマニエリスムにおけるフォンテーヌブロー派などからも傑作が生み出され、同じくマニエリスムのジュリオ・ロマーノやマルカントニオ・ライモンディが様々な性交体位を描いたイ・モーディなどの傑作を生み出してゆくのです。

18世紀には、フーコーやバタイユから高く評価され、サドとの共通点も指摘されているゴヤが登場してきます。ゴヤこそエロティシズムの内奥性を表出出来る最高のエロティック・アートにおける画家の一人でしょう。

更にエロティック・アートを大きく発展させたとされるのが、マニエリスムにも共通する構造を持つとされる前衛芸術運動、シュルレアリスムです。

特にサドやバタイユの作品の挿絵でも知られているアンドレ・マッソン、マックス・クリンガーやピエール・モリニエ、同じくサドの作品やエロティック文学の傑作とされる『O嬢の物語』の挿絵でも知られているレオノール・フィニ、あるいはサルバドール・ダリなどはシュルレアリスムにおけるエロティック・アートの代表的なクリエイターです。

また、同じくシュルレアリスムからも多大な影響を受けていたピカソのエロチカ・シリーズもエロティック・アートの傑作として知られております。

ピカソにはシュルレアリスムの影響のみならず、日本の春画の影響もあると言われております。

春画は代表的な浮世絵師は優れた春画を描いておりますがそのルーツは中国の春宮画にあります。

更に春画、春宮画の源には中国のセックス瞑想であるタオイズムの思想があることが知られております。

また、前述しました現代のカーマスートラとも称されております『エロスと精気』の著者であるジェイムズ・N・パウエルはタオイズムを理解するためには、山水画や山水思想が必須であると説いているのです。

あの大自然のエネルギーと呼応するようなエロティシズムこそがタオイズムそのものであると考えたのです。

インド美術におきましても、タントラ美術の権威であるアジット・ムケルジーが指摘してきているようにその水源はタントラにあるのです。

東洋絵画の源にタオイズムやタントラがあるように、西洋のエロティックな文学においてもその水源はディオニュソスのオルギアにあります。

ディオニュソスのオルギアの影響からアリストファネスの作品や『デカメロン』などの西洋の古典的なエロティック文学の流れがあるのです。そして狭義のエロティック文学にして、最初の近代的性愛文学とされる『ファニー・ヒル』へと繋がってゆくのです。

また、一連のマルキ・ド・サドの作品や同じくSM文学の傑作とされる『O嬢の物語』、マゾッホの『毛皮を着たヴィーナス』、また、何と言っても『チャタレイ夫人の恋人』はエラノス会議のルーツである**【プロト・エラノス的】**(アスコナ的)なセックス瞑想のエッセンスが凝縮されたセックス瞑想文学の領域の最高傑作の一つだと言えます。

アジアにおきましても、アラブの『千夜一夜物語』や中国のエロティック文学の代表格とされ『カーマスートラ』や『匂える園』と並ぶ世界3大セックスマニュアルの一つとされる『素女経』のような性の聖典から、『金瓶梅』や『肉蒲団』のようなエロティック文学の傑作があります。

これらのエロティック文学の中にも中国のセックス瞑想の一つであるアマルガム法や房中術の影響があると考えられております。

日本においては西鶴が本格的なエロティック文学の祖とされており、『好色一代男』などの好色文学の傑作がありますが、そもそも『古事記』や『日本書紀』が究極のエロティック文学であることは最高のセクソロジストである高橋鉄により明らかにされてゆきましたし、源氏物語には【色好み】と呼ばれる古代出雲のセックス瞑想に関連した風習が取り込まれているのです。

他にも落語のルーツには艶笑落語的なエロティックなものがありましたし、民話の中にも艶笑譚が豊富にあったのです……。

では、最後にエロティックな民謡について解説してゆきたいと思います。

バレ歌や春歌、猥歌と呼ばれるエロティックな歌やエロティックな民謡も大変に重要なエロティックな文化で、海外では、ボーディ・ソングやボーディ・ブルース、イギリスの摂政時代〜ヴィクトリア朝初期の猥歌などは有名です。

あの最も禁欲的とされるヴィクトリア朝に豊かな猥歌があったというのは注目に値しますが、基本的には自由奔放で快楽主義的な時代とされる摂政時代の豊かな猥歌がヴィクトリア朝初期まで生き延びたのであり、ヴィクトリア朝中期には、ヴィクトリア朝の抑圧により滅亡するのです。

そして、この猥歌における金字塔とも言える作品が、添田知道の『日本春歌考』です。『日本春歌考』は猥歌のバイブルであり、エロティックな映画の代表格である『愛のコリーダ』を描いた大島渚によって映画化もされております。

また、劇中で吉田日出子が歌う猥歌史上最大の傑作とされる「満鉄小唄」は猥歌史上最高の絶唱とされております。

更に、前述しましたセックス文化の百科事典とされる『にっぽん'69セックス猟奇地帯』

の竹中労がプロデュースした『日本禁歌集』も究極の猥歌集成とされ、最高クラスの猥歌が収められております。

しかし、この分野での至高中の至高はNDUによるドキュメンタリー映画『沖縄エロス外伝 モトシンカカランヌー』に登場する沖縄コザの娼婦アケミによる「ジュリグァー小唄」の絶唱です。

筆者は世界各地のパフォーマンスの視聴覚資料の重要なものは、アジア、アフリカ、オセアニアのものも含めて重要なものはほぼ全て把握しておりますが、アケミの「ジュリグァー小唄」の絶唱は世界のパフォーマンスの視聴覚資料約135年ほどの歴史の中でも最高クラスのものの一つであると言えます。

また、民謡というのは、本来エロティックなものであり、猥歌こそが本当の民謡の姿なのです。

現在我々が一般にイメージする民謡は近代化されたものであり、民謡本来の姿からはかけ離れたものになっております。

現代の大衆歌謡の基礎にはロックやブルースの遺伝子が組み込まれておりますが、このロックやブルースも元来アメリカの民謡なのです。

そして、ロックやブルースの根源にも【ロックス】や前述の【ボーディ・ブルース】があり、共にアフリカの古いエロティシズム的身体性を継承したものなのです。

我々の大衆文化の源には、あらゆるところに、このような根源的な【生殖感覚】があるのです……。

ジェンダーとフェミニズムとオルタナティブ・ポルノ

そもそもジェンダー研究の前身はフェミニズム運動になりますが、元来フェミニズム運動はいわゆる性の解放を目指した性革命とも密接な関係があります。

ラディカル・フェミニズムの研究者の中には、ポルノなどによる男性優位な性文化とされるものを批判してきた研究者もおり、場合によっては、ラディカル・フェミニズムの研究者キャサリン・マッキノンのようなポルノは女性差別とする意見もございます。

しかし実際にはポルノの表現は多様であり、中にはそういった内容のものもあるかもしれませんが、基本的には一枚岩ではないように思います。

一方で、ポルノや性文化における表現の中には多様なジェンダーや性的嗜好が描かれてきた側面もありますが、基本的には性カルチャーの多くがいわゆるヘテロセクシュアルを中心に展開してきたということも事実かと思います。

これからはXジェンダー、クイアといったあらゆるジェンダー、セクシュアル・マイノリティに対応したポルノジャンルが拓かれてゆくべきでしょうし、2000年代から登場してきたオルタナティブ・ポルノのように世の中も少しずつそういった方向性に向かっていっているように思います。

また、女性差別的と指摘されてきた一部のポルノから男女平等的なエロチカへというラディカル・フェミニズムのグロリア・スタイネムが提唱した考え方もポルノや性文化の中で活かされてゆく方向性も展開されてきております。

基本的には、性的嗜好が多種多様であることが判明した現在、実はこの分野にはまだまだ未開のフロンティアがあるのです。

世界で最も多様なジェンダーを持つイヌイットやアメリカ先住民におけるベルダーシュやインドのヒジュラのような伝統的に第3ジェンダーの文化を持つ民族、あるいは性の研究も行っていた南方熊楠により研究された粘菌の中には、720種類もの性別が存在していることなどは、ジェンダー論の研究からも注目されており、これらは、これからの日本の性の文化の進むべき方向性にも大きなヒントになるはずです。

また、ジェンダーのみならず、生物学的な段階において典型的な男女両者の中間的な特徴を持っているインターセックスの方につきましてもまだ十分とは言えないかもしれませんが、以前よりもその概念は浸透してきているように思います。

そして、パフォーマンスの分野でもあらゆるジェンダーを演じてゆく、あるいはトランジション（性別移行）を行ってゆく、ジェンダーパフォーマンス、ジェンダー・ベンディングといった概念が浸透しつつあります。

瞑想をしてゆきますと、あらゆるジェンダーを超越してゆくような領域へと向かいます……。インドではこの領域を【アルダナーリーシュヴァラ】として捉えてゆきましたが、こうした瞑想の領域や前述しましたイヌイットのジェンダー観の中にこそ、オルタナティブなジェンダー論、オルタナティブ・ポルノの新たな領域へのヒントがあるように思うのです……。

無性愛（アセクシュアル）について

あらゆるジェンダーに対して性的魅力を感じることがないと定義されているアセクシュアルと呼ばれる方達がおります。

しかし、アセクシュアルの方達も実際には多種多様であり、性的興味が薄い方や全くない方、性行為の経験はあるが興味が薄い方、性的な関係は望まないが純粋な恋愛対象はいる方、パートナーとの性行為は望まないが、マスターベーションは行う方、あるいは性的行為も性的欲求もない方、他にもポリアモリー的に複数のパートナーを持つアセクシュアルな方など……、アセクシュアルといっても様々な方がいらっしゃるのです。

本書のエントプティック＝オーガズム瞑想は、様々な方が行うことが可能であり、もちろんアセクシュアルの方も問題なく行うことが出来ます。

基本的には、性的な興味が薄い方やマスターベーションのみを行う方などは、【エロティック・アラウザル・パターン】を深めてゆくことからはじめていただければと思います。

また、他者やあらゆる物事に性的魅力を感じられない方の場合も、そもそも【性エネルギー】はフロイトのリビドー理論を引き合いに出すまでもなく、あらゆるクリエイティビティの源であると考えられておりますし、そもそも【エントプティック≒フォスフェン】の現象自体が【性エネルギー】そのものと古より考えられてきたのです。

ですから、もう少し【性エネルギー】の範囲を広げて考えてゆくようにしてゆきます。

基本的にはガストロノミーの創始者であるブリア＝サヴァランもあらゆる物事に【生殖感覚】が入り込んでいると語っておりますので、ご自身の中で最も興味関心の深いことを掘り下げてゆくことも【性エネルギー】の解放に繋がってゆきます。

例えば、神経科学的に、脳の機能から考えましても美食は【性エネルギー】と深い関連がありますので、美食からある種の官能性を引き出してゆくなども良いでしょう。

あるいは、性的行為に興味関心がなく、純粋な恋愛感情がある方は恋愛感情を深めてゆく方向性で問題ないのです。

恋愛感情には【ＰＥＡ】という恋愛ホルモンが分泌され、これは【エントプティック≒フォスフェン】発動を促進させる効果があります。

基本的には、【エロティック・アラウザル・パターン】の対象を性エネルギーのクリエイティビティ性という側面から拡張させ、そちらを【エントプティック≒フォスフェン】のステージ2の【プリズナーズシネマ】の段階で脳内に描いてゆくようにしてゆくのです。
このように行うことであらゆる物事を対象にエントプティック＝オーガズム瞑想を行うことが可能です。

石器時代人もまた大地との性行為、地球との性行為、宇宙との性行為をイメージすることで、究極の【エントプティック≒フォスフェン】の【アルティメット・ステージ】を発動させてゆきました。

また、このような感覚を現代にリバイバルさせた代表的な存在が、前衛的なパフォーマンスを展開させた、ゼロ次元です。
ゼロ次元は、銀座とセックスをする、新宿という街そのものとセックスをする、東京とセックスする、日本とセックスする。世界とセックスする……、地球とセックスする、宇宙とセックスする……、と壮大なセックス哲学を性的パフォーマンスとして行っていったのです。

【エロティック・アラウザル・パターン】や【性エネルギー】の範囲をこのように拡張してゆくことでもあらゆる物事を対象にしたエントプティック＝オーガズム瞑想は可能なのです。

世界各地の瞑想における究極の境地

瞑想における究極の境地には、これまで様々な名称がつけられてきましたが、これらの究極の境地とされてきた領域も神経科学的には【エントプティック≒フォスフェン】が発動した状態と捉えることが出来ます。

また、この【エントプティック≒フォスフェン】が発動した状態にも殆ど無限のバリエーションと精度があるのです。

ここでは、世界各地の瞑想における究極の境地とされてきたものを見てゆきたいと思います。

伝承的に明らかに【エントプティック≒フォスフェン】が発動していると考えられるものには、アフリカ瞑想の究極領域であるキアやエスキモーの瞑想におけるコウマネク、古代イランのツァラトゥストラによるマガ、エソテリック瞑想の達人エックハルトのゼーレンフンク、グノーシス主義におけるディヴァインスパークやグノースティコス、スーフィズムのファナーやメルカバー瞑想における聖なる戦車や聖なる玉座、チベット瞑想におけるトゥガルやリクパの現象……などは明らかに【エントプティック≒フォスフェン】が発動していると考えられている代表的な瞑想の境地ですが、ヨーガやヴィパッサナーにおけるサマーディや光明、悟り、ウパニシャッドにおける梵我一如、不二一元論の境地、といった一般的にも大変に有名なオーソドックスな究極の領域とされる状態も【エントプティック≒フォスフェン】が発動した状態であることは、【エラノス会議】における研究により明らかになっております。

また、セックス瞑想の代表格であるタオイズムやタントラにおいては、【エントプティック≒フォスフェン】は性エネルギーとイコールと考えられてきており、クンダリニー、チャンダリーの火、タオイズムにおける天心や回光などやタオイズムと習合していった中国仏教や平安仏教における白毫観なども明らかな【エントプティック≒フォスフェン】の発動の現象を確認することが出来ます。

また、原始神道や古神道におけるタマフリや鎮魂帰神法、ブードゥーにおけるダンバラー発動、シャーマニズムにおけるエクスタシーやポゼッション、イッルドテンプス、SSC（シャーマニックステーツ）なども折口信夫や【エラノス会議】の研究から強力な【エントプティック≒フォスフェン】の発動を認めることが出来るのです。

他にもルドルフ・オットーが提唱したヌミノーゼ、井筒俊彦が捉えた存在のゼロポイント、意識のゼロポイント、同じく井筒俊彦などが捉えたディオニュソスの秘儀におけるエクスタシスとエントゥシアスモスやアンチコスモス、『大乗起信論』における如来蔵思想や真如。

アンリ・コルバンが捉えたイマジナルやカシュフ、西田哲学における主客合一や絶対矛盾的自己同一、南方熊楠における萃点、古武術や中国武術における武産合気や入神の境地、精度の高いフローやゾーン、ＡＳＣ（アルタードステーツ、変性意識）、ホロトロピック領域……等々。

こうした様々な瞑想の究極領域や精度の高い変性意識状態においては【エントプティック≒フォスフェン】の発動を確認することが出来ることが、【エラノス会議】の研究により明らかにされているのです。

そして、人類最強の瞑想者である【鳥人間の瞑想】を解き明かすためのモデルとして考えられてきました【サハのシャーマニズム】において、究極の【エントプティック≒フォスフェン】を発動させた者は伝統的にこのようなことを語るのです。

「30ヴェルスタ先にあるものが見える！」と……。ヴェルスタとはロシアにおける距離の単位で、30ヴェルスタとは約32キロ先にあるものということです。

【エントプティック≒フォスフェン】とは、これほどの解放を我々に実感させてくれるものなのです。

【エラノス会議】の中心メンバーであったエリアーデもエクスタシス、エンスタシス、ヒエロファニー、イッルドテンプスといったテクニカルタームで世界各地のあらゆる瞑想を捉えてきましたが、やはり殆どの状態に【エントプティック≒フォスフェン】の発動があることを認めているのです。

瞑想の達人たち

古今東西には、様々な瞑想の達人たちがおり、多くの達人たちを知ることで、我々が瞑想を極めてゆくための大きなヒントを得ることが出来ます。

昨今は、瞑想のやり方だけを学べれば良いといった考え方の人も多くいるように感じますが、達人や超達人になるにはその発想では残念ながら達人にはなれない可能性が高いように思います。

達人や超達人になるために、是非知っておいた方がいい、文字通りの古今東西の達人たちを解説してゆきたいと思います。

瞑想の達人といいますと、読者諸氏は、仏教系の瞑想の達人であるブッダやマハーカーシヤパ、ナーガールジュナ、ボーディダルマ、ヴィマラ・キールティ、弘法大師あるいは、鈴木大拙が研究し、すべての瞑想のコアとして捉えた、鎌倉新仏教系の達人である道元、一休、白隠、良寛や近代の達人である澤木興道や加藤耕山、あるいは浅原才市のような妙好人の達人を思い浮かべる方もいらっしゃるかもしれません。

もしくは、広義のヒンドゥーイズムの達人である『ヨーガスートラ』で有名なパタンジャリ、ハタヨーガの開祖ゴーラクナート、最高のインド哲学者とされるウッダーラカ・アールニ、ヤージュニャヴァルキヤ、不二一元論のシャンカラや初の梵我一如の発動者として知られるシャーンディリヤやインド近代の瞑想の達人であるラーマクリシュナ、ヴィヴェーカーナンダ、オーロビンド・ゴーシュ、ラマナ・マハルシ、クリシュナムルティ。

あるいは古代のエソテリック瞑想をリバイバルした、グルジエフやブラヴァツキー、クロウリーといった西洋近代のエソテリックな達人や、古代から中世の達人であり、【エラノス会議】にも多大な影響を与えたグノーシス主義の開祖であるシモンマグスやヴァレンティヌス、カバラの達人であるアブラフィア、同じく【エラノス会議】に影響を与えたドイツ神秘主義の達人エックハルトやヤコブベーメ、錬金術の達人パラケルスス……等々は一般の方が瞑想の達人として思い浮かべる可能性の高い達人たちかと思います。

しかし、この世界にはまだまだ様々な瞑想の達人がおります。

特に本書で紹介してきましたような先史美術に描かれてきたものには、瞑想の達人中の達人の領域を我々に教えてくれるものは少なくありません。

代表的な洞窟壁画やヴィーナス小像や縄文の土偶は先史時代の瞑想の超達人の領域を我々に伝えてくれるのです。

こうした石器時代の瞑想の水準を最も残す達人が、コイサンと並び最古の瞑想技法を伝承してきたアボリジニーのソングマンの伝説の達人であるジョリー・ライワンガやトム・

ケリーです。伝説のソングマンであるジョリー・ライワンガやトム・ケリーは、先住民の瞑想の達人の中でもとても有名な存在です。

また、典型的な【エントプティック≒フォスフェン】を発動させることでも有名なアマゾン先住民のトゥカーノ族やメキシコ先住民のウイチョル族も【エントプティック≒フォスフェン】の発動技法の達人的な民族であり、他にも最も原始的なシャーマニズムを伝えると考えられております、ヴェッダのカプラーラ、セルクナムのヘインなどには世界最高レベルの瞑想の達人の技法があるのです。

また、こうしたシャーマニズムのテクニックを体系化したネオシャーマニズムの達人であるカルロス・カスタネダやマイケル・ハーナーなども重要です。

このようなプロト瞑想をリバイバルさせたエソテリックな瞑想の達人たちはまだまだおります。【エラノス会議】の中心メンバーにして折口信夫の後継者ともされる井筒俊彦はスーフィズムに注目しましたし、また【修行論】や【瞑想のオリジン】から達人を捉えてゆく視点も重要なのです。

スーフィズムでは、ルーミーやバスタミーなどが強力なファナーを発動させておりますし、井筒俊彦やアンリ・コルバンにより研究されてきた最高のスーフィズムの哲学者であるイブン・アラビーやスフラワルディー、それらのスーフィズム哲学を総合的に捉えたモッラー・サドラー、近世最大の哲学者であるサブザワーリーなども最高の達人です。

更にこのスーフィズムの源にいた達人たちがカーヒンであり、井筒俊彦により重要視されてきました。

カーヒンとは、瞑想者にして、武芸者、歌い手にして文芸家であり、それら全てが渾然一体となっていた存在です。

このように元来は、ラディカルな瞑想者はパフォーマーと一体であり、一つの存在だったのです。

また、仏教タントラの祖とされる新龍樹やサラハパーダ、チベット密教の達人、パドマサンバヴァやミラレパ、タオイズムの達人である老子や呂 洞賓、房中術の祖である彭祖などはセックス瞑想を考える上でも重要な達人たちです。
【修行論】から見た達人、すなわちタパスやチャリタ（修行）の達人には、修行そのものの達人とも言えるマールカンデーヤやアシュターヴァクラ、ブッダのライバル的な存在であったジャイナ教の開祖マハービーラ、あるいは、相応、正井観順、奥野玄順、林実利といった日本におけるオーソドックスなチャリタの達人も我々の刺激になるはずです。

結局のところ瞑想は、修行とは何か？を突き詰めることにありますので、【修行論】そのものが瞑想を極めるためには必須なのです……。

また何よりも日本の【瞑想のオリジン】を捉えておくことは、重要です。日本の【瞑想のオリジン】を捉えた達人には、修験道の達人である役小角、白山修験の泰澄、同じく日本の【瞑想のオリジン】をリバイバルした復古神道の達人である本田親徳、出口王仁三郎、大石凝真素美、井上正鉄あるいは神仙道をリバイバルした宮地水位などは、列島の古層をも突き抜けてアジア全体の古層の瞑想をリバイバルしていったのです……。

また、最後に瞑想の研究の歴史をざっくりとお話しいたしますと、科学的な瞑想研究はヴィルヘルム・ヴントやウィリアム・ジェームズにより始められてゆきますが、一般に瞑想研究は、主にTM瞑想や禅、ヴィパッサナー、マインドフルネスを中心に研究されてきました。

また、ロジャー・ウォルシュやディーン・シャピロといった瞑想研究の大家も登場してきます。

そして、近年では、瞑想時の頭頂葉の変化などを明らかにしたニューバーグなどの瞑想研究が有名です。

しかし、こうしたオーソドックスな瞑想研究の殆どは残念ながら瞑想の極一部しか明らかにしてきませんでしたが、サロモン・レナックやレオ・フロベニウス、アンドレアス・ロンメルなどによる先史パフォーマンスの研究により、石器時代の瞑想が少しずつ明らかにされてゆき、さらに人類学や先史学の研究を総合的に捉え、神経科学的に研究した【エラノス会議】やエラノス理論を継承した【認知考古学】、あるいは、折口信夫の【古代研究】や【プロトエラノス】である【アスコナのモンテ・ヴェリタ】のムーブメントにより、【瞑想のオリジン】の領域が明らかにされていったのです。

アフロディジアック・フードについて～セックス瞑想のための食材、料理、栄養素、漢方薬～

美食の大家である北大路魯山人は【栄養食】と【栄養薬的食】を混同してはならないと説いております。

昨今の栄養さえ摂取出来れば良いとする世の中の風潮の一つは【栄養食】ではなく、魯山人の言うところの【栄養薬的な食事】に相当します。

魯山人のいうところの【栄養食】というのは、単純な栄養素のみならず、美食の領域を含んだものです。

これは神経科学的にも意味のあることであり、美食すなわち美味しいものを食べることは瞑想やパフォーマンスを高める神経伝達物質の筆頭であるエンドルフィンが放出されるのです。

また、【ガストロノミー】（美食学）の創始者的存在であるブリア＝サヴァランの名著『美味礼讃』はセックスの話から始まることは前述しましたが、ブリア＝サヴァランは最も重要な感覚が【生殖感覚】であると説いており、全てのパフォーマンス、全ての芸術、あらゆる学問、科学、全ての感覚には、この【生殖感覚】が入り込んでいると説きました。

従いまして美食とセックスというのは極めて近いものであることが語られているのです。ブリア＝サヴァランの【美食学】は美食欲の根源としての【グルマンディーズ】と性欲の根源としての【コケットリー】が交錯する地平にあると言えるのです。

そして、ブリア＝サヴァランの思想は、2章でも申し上げたように神経科学的にも正しいのです。脳のセックスセンターと食欲の中枢は隣り合っており、極めて近いものであることが証明されているからです。

また、食文化の研究家である玉村豊男さんによるとフランス人は日本人は優れた【生殖感覚】を持っていると思っているようでして、日本料理の中にも日本人の【生殖感覚】の秘密があることを示唆しているようなのです。

筆者は、日本料理の【生殖感覚】には、魯山人が【食器は料理の着物】と称したように、器の効果も大きく作用しているように思います。

恋川笑山の春画のようなある種のフェティシズム的な感覚が日本料理の水源にはあるように思うのです……。

こうしたことを踏まえまして、単なる栄養素のみならず、美食としても優れたものを食べることで、よりトータルにセックス瞑想やパフォーマンスのための食材や料理を見てゆきたいと思います。

先ず、脳のパフォーマンスを高める広義の【瞑想食】として重要な栄養素は、タンパク質、マグネシウム、ビタミンB群、ビタミンD、レシチン（リン脂質）やオメガ3などを挙げることが出来ます。

また、セックス瞑想食は、専門的には、【アフロディジアック・フード】と呼ばれております。

【アフロディジアック・フード】は、亜鉛、アルギニン、セレン、タウリン、アリシン、シトルリン、ムチン、フェネチルアミン、あるいは、女性ホルモンに良い栄養素として、植物性エストロゲンとも呼ばれているイソフラボン、リジン、ビタミンE、などの栄養素を含む食材が基本になります。

以下に代表的な【アフロディジアック・フード】を紹介してゆきます。

●ひよこ豆（世界3大性典が薦める精力アップ食材）

アラブの性典であり、世界3大性典の一つに数えられております『匂える園』の中で精力アップ食材に挙げられているのが、ひよこ豆、玉葱、卵、蜂蜜などです。

ひよこ豆は、栄養学的にもイソフラボンやビタミンE、亜鉛などの代表的な【アフロディジアック効果】のある栄養素の他にタンパク質、葉酸、マグネシウム、鉄といったいわゆる妊活に役立つ栄養素がバランス良く含まれております。

また、神経伝達物質の合成に重要なビタミンB群も豊富なため脳のためにも良い食材と言えます。

●蜂蜜

蜂蜜もまた『カーマスートラ』、『匂える園』といった様々な性典のなかで媚薬として薦められております。

蜂蜜は亜鉛、アルギニン、一酸化窒素を含んでおり、科学的にも【アフロディジアック効果】が高いことが解っております。

古典に記された媚薬の中には科学的には効果がないとされるものもありますが、ひよこ豆や蜂蜜などその効果が実証されているものも少なくないのです。

●蜂の子

料理の基本は、郷土料理の中にあるとされています。また、【身土不二】と申しまして、地元の土地で採れた食材が健康に良いとする考え方があるのです。

郷土料理の中の代表的な【アフロディジアック効果】のある食材に蜂の子があります。

蜂の子は、岐阜県や奥三河のへぼ飯や長野県でも郷土料理として食べられており、セックスミネラルとされるセレンや亜鉛を豊富に含んでおります。

●ドジョウ料理

柳川鍋に代表されるドジョウ料理も精力をつける料理の代表格です。

ドジョウには、亜鉛やムチンという【アフロディジアック効果】の高い栄養素が含まれております。

ムチンといいますと納豆、オクラ、山芋などのネバネバ成分と説明されることが多いのですが、植物性のネバネバは、動物性のネバネバであるムチンとは別の成分であるとされております。

ドジョウには正真正銘のムチンが豊富に含まれておりますので、優れた【アフロディジアック・フード】と言えます。

●牡蠣、アサリ、アオヤギ、など

貝類は精力アップのための栄養素が豊富に含まれております。

精力アップといえばまず、筆頭に挙げられる牡蠣ですが、かきの土手鍋やかき飯といった郷土料理が代表的です。

精力アップに欠かせない亜鉛やタウリンを豊富に含んだ最も有名な【アフロディジアック・フード】です。

他にも東京の郷土料理の代表格である深川めしはアサリやアオヤギ（バカガイ）といった貝類がたっぷり使われており、精力アップのための栄養素である亜鉛、タウリン、アルギニンも含まれております。

ただし亜鉛、アルギニンやタウリンは熱に弱いため調理法によっては十分に栄養素を摂取出来ない場合があります。

●行者ニンニク、ノビル

行者ニンニクは、【アフロディジアック効果】の高いアリシンを豊富に含んでおり、名前の通り日本の【瞑想のオリジン】を継承発展させた山伏と関係が深い食材です。

また、同じく日本列島の【プロト瞑想】と関係が深いアイヌ料理の食材としても有名ですので、日本列島の【食文化のオリジン】を伝えるものでもあるのです。

また行者ニンニクと同じくネギ属の多年草であるノビルもアリシンを豊富に含んでいる代表的な【アフロディジアック・フード】です。

●ガマズミ（ジョミジュース）

セックス瞑想のために血行を良くすることはとても重要なことですが、ポリフェノールを多く含む食材もまた、【アフロディジアック・フード】として注目されてきました。

その中でも最高のものの一つに、マタギにより伝承されてきた果物であるガマズミがございます。

ガマズミはポリフェノールの一種であるアントシアニンやクロロゲン酸が含まれており、血行促進や美容効果が高いことで知られております。

ガマズミは、ジャムやジュースが通販などでも販売されております。

●沖縄の精力アップ料理（ヤギ汁、イラブー汁、ヘチマの味噌煮、ゴーヤーチャンプルー）

沖縄の伝統食材の代表の一つであるイラブーは、亜鉛、タウリン、セレン、オメガ3、9種類の全ての必須アミノ酸が含まれており、まさに【アフロディジアック・フード】にして【ブレインフード】でもある究極の【セックス瞑想食】の一つであると言えます。そしてその味もまた濃厚で滋味深く素晴らしいものです。

また、イラブーは、エラブウナギと呼ばれることもありますが、鰻もまた、アルギニンや亜鉛を豊富に含んだ精力アップ効果のあるものです。

大阪の郷土料理である半助鍋などはお薦めの鰻料理になります。

また、イラブーと並ぶ沖縄の【アフロディジアック・フード】の代表とされるのがヤギ汁です。

ヤギの肉も亜鉛やタウリンを含んでおり、精力剤としての効果が高いことが知られております。

更に、妊活において大変に重要視されているL-カルニチンを豊富に含んでいるのもヤギ肉の魅力です。

他にも血流改善効果の高いシトルリンを多く含む沖縄の郷土料理にヘチマの味噌煮やゴーヤーチャンプルーやゴーヤージュースなどがありこちらもお薦めです。

また、沖縄の島豆腐には女性ホルモンにも良いイソフラボンが豊富に含まれておりますし、亜鉛やビタミンEなどの【アフロディジアック効果】の高い栄養素も一般的な木綿豆腐や絹ごし豆腐よりも多く含まれております。

●ウツボ～マカやスッポンを超える海のバイアグラ～

ウツボは高知県や和歌山県などの郷土料理に使われる食材として有名ですが、【アフロディジアック・フード】としても効果が高いことで知られております。

アルギニンが大変に豊富でマカやスッポンを超える海の精力剤、海のバイアグラとして知られております。

ウツボ料理はウツボのたたきやウツボの唐揚げなどが有名です。

●魚の浮き袋

中華料理は【医食同源】の思想で有名ですが、魚の浮き袋は、中華料理における代表的な食材であると同時に、中医学でも使われており、【アフロディジアック効果】の高い薬としても知られております。

他にも烏骨鶏や高麗人参、ナツメ、クコの実なども薬膳料理で使われる代表的なものであり、【アフロディジアック効果】が期待できる食材です。

精力の根源「腎」に効く漢方薬

漢方において精力の根源は【腎】にあると考えられており、いわゆる【補腎薬】により【腎】の働きを活性化させることができると考えられております。

ベーシックな【補腎薬】には六味地黄丸、八味地黄丸、牛車腎気丸などがあり、動物性生薬を含むより強力な中成薬には、至宝三鞭丸や海馬補腎丸があります。

六味地黄丸、八味地黄丸は緩やかに効くのに対して、動物性生薬を含む、至宝三鞭丸や海馬補腎丸は即効性があり、より強力なものです。

一般に精力アップ効果のある代表的な生薬には、鹿茸、海馬（タツノオトシゴ）、海狗腎（オットセイの陰茎と睾丸）、擬黒多刺蟻（食用の黒アリ）などがあり、これらは、代表的な【アフロディジアック効果】の高い生薬になります。

また、漢方の世界では昔から色の黒い食べ物が精力剤の効果があると考えられており、黒きくらげ　黒ゴマ　黒豆などは【腎】を補う【アフロディジアック効果】の高い食材と考えられております。

因みに、アフリカのファン族は世界でもっとも媚薬の種類がある民族とされており、世界全体の（村全体）のセックスエネルギーを再生させるための媚薬の祭が行なわれることでも知られております。

恋愛ホルモンを活性化させせエントプティック≒フォスフェンを発動させる⁉超アフロディジアック・フードとしてのチーズ

アフロディジアック・フードの中でも特別な存在とされるのがチーズです。

恋愛ホルモンである【ＰＥＡ】を作り出すための最高の食材の一つにチーズがあることは、２章で申し上げた通りです。

チーズにはフェネチルアミンやリジン、フェニルアラニンといった恋愛ホルモンや女性ホルモンを活性化させる栄養素が豊富に含まれております。

お薦めのチーズは、２章でも紹介しました【美食学】（ガストロノミー）の祖であるブリア＝サヴァランがチーズの王と称賛したエポワスやこの美食家であるブリア＝サヴァランの名を冠した文字通りのブリア・サヴァランという名前のチーズ、他にも世界三大ブルーチーズとされるロックフォールやゴルゴンゾーラ、イタリア最高のチーズと称されているパルミジャーノ・レッジャーノ、山羊チーズの代表格であるクロタンや代表的な羊の乳のチーズであるペコリーノ・サルドやペコリーノ・ロマーノなどがお薦めのチーズになります。

最高の美食家であるブリア＝サヴァランを理解するキーワードには、【神父さまのオムレツ】ブリア＝サヴァランが提唱したうま味成分【オスマゾーム】、【グルマンディーズ】【コケットリー】などありますが、これらの重要なキーワードと並びブリア＝サヴァランは、チーズを大変重要視していました。まさにチーズは【生殖感覚】の要でもあるのです。

またチーズは神経伝達物質の研究史の中でも重要な食材であり、特に快楽を司る報酬系やドパミンの研究史と関係が深い、まさに究極の【アフロディジアック・フード】なのです。

また、フェネチルアミンは【エントプティック≒フォスフェン】の研究史の中でも大変に重要な役割を担いましたので、チーズは総合的に考えるならば、少し次元が異なる【超アフロディジアック・フード】と言えるのかもしれません。

ボッキメシとチントレ

現役ＡＶ男優であり、健康指導士にして、元日本ＡＶ男優協会会長の田淵正浩氏は、『孤独のボッキメシ』やナチュラルハイジーンなどによりセックスと食事の関係性を追究されております。

同じく有名なＡＶ男優であるしみけんさんも食事やサプリメントを追究され、セックスと食事、セックスと栄養素との関連性を追究されているのです。

ほとんどのＡＶ男優の方が【アフロディジアック効果】や健康を考慮した食事と日々のいわゆるチントレを欠かさないと言います。

また、多くのエロティック文学におきましても食事と性は重要な関係性があることが説かれてきました。

好色文学の最高峰の一つとされてきました『金瓶梅』におきましても【医食同源】の思想に裏付けられた様々な【アフロディジアック効果】の高い食材が描かれており、映画版では、腕立て伏せならぬ【チン立て伏せ】なる腕立て伏せの男根版が描かれていましたが、食事と日々の鍛錬は、エントプティック＝オーガズム瞑想の効果を倍増させるのです。

セックス瞑想の歴史

最後にセックス瞑想の歴史について見てゆきたいと思います。

あらゆる瞑想やパフォーマンスはまさにこのセックス瞑想から生まれたのです……。

これは少しも大袈裟な表現ではなく、あらゆる学問を縦断して総合的に考えてゆきますと、そうであった可能性が極めて高いことが解っているのです。

そして、瞑想を極めるために、パフォーマンスを極めるために、その究極の奥義の歴史を知ることは必須なのです。

そもそもセックスはいつ誕生したのでしょうか?

非常に広義のセックス、セックスエネルギーという意味であれば、そのエネルギーは、宇宙開闢の【かの時】には存在していたということは、あらゆる学問が指摘しているところですが、狭義のセックスの誕生はおよそ今から14億年前とされております。

約38億年前のはじまりの単細胞生物は、単生生殖であったことが知られており、この原初の生命体は我々のように死に向かうシステムはなく、環境さへ整えれば永遠に生きることが出来ました。

そして、約14億年前にオスメスに分かれセックスが誕生した時に死に向かうシステムが誕生したとされているのです。

エロティシズムを探究したバタイユや澁澤龍彦が指摘しているようにオーガズムは小さな死とも呼ばれており、死の感覚に近いとされてきたわけですが……。

それは上記のように生物学的にも死に向かうシステムとセックスが同時に誕生したことを考えるならば、セックスと死に深い結びつきがあることをより実感出来るのではないでしょうか？

一方、アメーバが細胞分裂するときの痙攣とオーガズム時の痙攣の類似性は、多くの研究者から指摘されており、オーガズムこそ原初の生命体の生命力の表現だ！と称している研究者も少なからずおり、セックスとは生命力そのもの、生きる力そのものであるということも実感出来るように思うです。

そして、あらゆる生命のセックスを観てゆけば、それはより強く実感出来るように思います。

イルカやクジラ、ボノボ、蛇などは、自在かつ多彩なセックスを行い、原初のセックスを我々に教えてくれる偉大なセックスマスターなのです。

こうした自然界のセックスもまた、古代のセックス瞑想の奥義を我々に教えてくれるのです。

特に鹿やトナカイは前述しましたように伝説的な【シャーマニックセックス瞑想】のマスターとして世界各地の瞑想者から大変に崇敬されており、シベリア先住民のシャーマニズムの奥義の一つには、鹿やトナカイのセックスを模倣したテクニックがあるほどなのです。

そして、我々人類のセックス瞑想の最も古い形は石器時代の先史美術の中に遺されております。

石器時代のセックス瞑想の代表的なものは、ローセル洞窟やコンバレル洞窟に遺されているのです（309ページ図21、図22を参照）。

また、ヴィレンドルフのヴィーナスやレスピューグのヴィーナスなどのヴィーナス小像は、セックス瞑想の要になる世界各地のオルギー、ヒエロスガモス、ファティリティ・ライトを司る【地母神】のプロトタイプや原初のエロティック・アートを我々に教えてくれる最も重要なものになります（310ページ図23～図26を参照）。

ラスコー洞窟やレ・トロワ＝フレール洞窟にも【恍惚の体位】などの代表的なセックス瞑想奥義が遺されており、アッダウラ洞窟の原初のSMは、サクリファイス、タパス、SMのプロトタイプにして至高のものであると考えられるのです。

こうした石器時代のセックス瞑想や【地母神】のパフォーマンスは、世界各地のオルギー、ヒエロスガモス、ファティリティ・ライト、エロティック・フェスティバルズ、リチュアル・セックス、セックス・リチュアルズの基層に働いております。

また、様々な世界の【ルーツセックス瞑想】の中でも特に重要なのは、オセアニアのセックス瞑想です。

オセアニアは文化人類学的な研究からマヌス島やヤップ島などの【性否定社会】もありますが、基本的には【性肯定社会】、性の楽園とされてきました。

特にマンガイア島民などは代表的な【性肯定社会】とされております。

【ルーツセックス瞑想】を明らかにした性の人類学的研究は、主にマリノフスキーやマーガレット・ミードによって行なわれてゆきました。

日本においては、松園万亀雄さんが性の人類学のパイオニア的な方であり、性を総括的に研究されてきたのです。

また、文化人類学者であるアルフレッド・ジェルが研究しているようにブランコもまた【地母神の瞑想】やファティリティ・ライトと関連したものであり、世界各地でセックスの象徴として、古代より瞑想効果が高いことが経験的に知られていました。

神経科学的にもブランコによるマイナスGが神経伝達物質を分泌させ、変性意識状態にする効果があることが証明されております。

こうした地母神の瞑想やファティリティ・ライトがルーツセックス瞑想となり、タントラ、タオイズムの中にも先住民の瞑想であるシャーマニズムやシベリアのシャーマニズムの奥義である鹿やトナカイによる性エネルギーのコントロール技法的な瞑想やファティリティ・ライト、オルギーの技法が取り込まれていったのです。

また、有名なセックス瞑想であるタントラやタオイズムのみならず、グノーシス主義、ケルトのドルイド、カバラ、スーフィズム、ロマ（ジプシー）、トルバドゥールやトルヴェール、ミンネジンガーに代表される宮廷風恋愛、原始神道など、これら全てにおいてセックス瞑想が奥義として存在したことが解っているのです。

一般的にカバラやスーフィズムにセックス瞑想のイメージがない方もいらっしゃるかと思いますが、カバラやスーフィズムもタントラやプロトタントラの影響を受けており、優れたセックス瞑想を持っていたことが明らかになっているのです。

このように世界各地の様々な瞑想の中にルーツセックス瞑想から影響を受けた、セックス瞑想が奥義として存在しているのです。

こうした世界各地のルーツセックス瞑想を総括的に研究したのは、フレイザーを中心としたケンブリッジ・リチュアリストや【エラノス会議】になります。

またルーツセックス瞑想の源にある地母神やグレートマザーにつきましてもエラノス会議は総括的な研究を行っております。

そして、【エラノス会議】における【地母神】とその瞑想の研究の基礎理論になったものが、【J・J・バッハオーフェンによる母権論】なのです。

また、アスコナの姉妹的聖地ともされたドイツのシュヴァービングの【宇宙論サークル】の中心人物であったルートヴィッヒ・クラーゲスはバッハオーフェンの再発見者ともされていました、すなわちシュヴァービングも【バッハオーフェン理論】のメッカであったのです。

そして、シュヴァービングの機能は【アスコナ】に移り、プロトエラノスであるアスコナ（モンテ・ヴェリタ）において【J・J・バッハオーフェンによる母権論】を聖典とするラディカルなセックス瞑想のリバイバルが行なわれ、【エラノス会議】にも多大な影響を与えていったのです。

それは、アプロディテ段階、デメテル段階、ディオニュソス段階のオルギアといった【原初の地母神】による【プロトセックス瞑想】を明らかにする実践と研究でもあったのです。そして【バッハオーフェンの理論】は、【エラノス会議】やモルガンの『古代社会』のみならず、エンゲルス、ジェンダー研究やフェミニズム、フロムなどにも影響を与え、様々な分野で展開されていったのです。

また、【アスコナ】に影響を与えた偉大な放浪者であるディーフェンバッハとその継承者とされるグスト・グレーザーやグートツァイトの存在も忘れてはならないでしょう。【アスコナの精神】を最も表現したとも称されたゲルハルト・ハウプトマンに多大な影響を与えた放浪者こそがグートツァイトであり、そのグートツァイトの源にはディーフェンバッハの思想があったのです。

そして、このディーフェンバッハやグスト・グレーザーの思想は後のカウンターカルチャーやサブカルチャーにまで多大な影響を与えてゆくことになるのです……。

瞑想は、セックスから生まれたと言われており、あらゆる祭りや儀礼もセックス瞑想を基礎にして生まれ、あらゆるパフォーマンスもセックス瞑想を基礎して生まれたのです。

この無限のセックスエネルギーに気付き、鍛錬を積むことが根源にして究極なのです。

偉大な野生のセックス瞑想のマスターである鹿やトナカイ、歴代のセックス瞑想の達人たちの意志を継ぎ、更にセックス瞑想の技に磨きをかけていっていただければと思います……。


セックス瞑想とは、原初の性と死へ向かうシステムの発生の瞬間を実感するものであり、原初のアメーバの細胞分裂の感覚を実感するものであり、かの時のはじまりの性エネルギーとも称された光子エネルギーの流れを実感することでもあるのです。


【エラノス精神】は、植物の中にセックス瞑想の原初性を実感することを説いております。すなわち性エネルギーの本質は宇宙規模においては、星の光エネルギーを捉え、蓄え、変換させてゆくことにあり、植物たちはその宇宙規模の性エネルギーの利用を光合成という形で行なっているのです。すなわち光子を捉え、変換させ自らを育てるのです。

古代人はこうした植物界の宇宙規模の性の瞑想に憧憬を持ち、アナロジー（類推）として様々なセックス瞑想を生み出していったのです……。

第6章のまとめ

◆セックス瞑想の究極の領域を発見した伝説の【エラノス会議】は、エラノスの中心メンバーであったマックス・クノールやハインリヒ・クリューバーの【エントプティック≒フォスフェン】を基礎に世界中の様々な瞑想やシャーマニズム、セックス瞑想のコアに神経科学的な光があることを明らかにした。

◆【エラノス会議】の【エントプティック≒フォスフェン研究】を継承した【認知考古学】（認知科学）によっても、究極の瞑想である石器時代の瞑想研究は進められアップデートされた。

◆【プロトエラノス】とは、【聖地アスコナ】（モンテ・ヴェリタ）で聖典とされていた【バッハオーフェンの母権論】により、プロトゴルゴンなどの【地母神】を基層にしたラディカルなセックス瞑想が行なわれていたことを指す。この【バッハオーフェンの理論】がアスコナとエラノス会議のセックス瞑想の基礎理論になってゆく。

◆【エロティック・アラウザル・パターン】を解放するためには、性の文化やセクソロジー、セックスマニュアル、エロティック・アート、セックス瞑想の達人を知ることが重要。

◆石器時代のセックス瞑想の代表的なものは、ローセル洞窟やコンバレル洞窟に遺されている。また、ヴィレンドルフのヴィーナスやレスピューグのヴィーナス、ローセルのヴィーナスなどのヴィーナス小像や縄文の土偶などの【原初の地母神】は石器時代のセックス瞑想の根源にあるものである。（図21～図26　ローセル洞窟のセックス瞑想究極奥義、コンバレル洞窟のセックス瞑想究極奥義、ヴィレンドルフのヴィーナス、レスピューグのヴィーナス、ローセルのヴィーナス、縄文のビーナス）

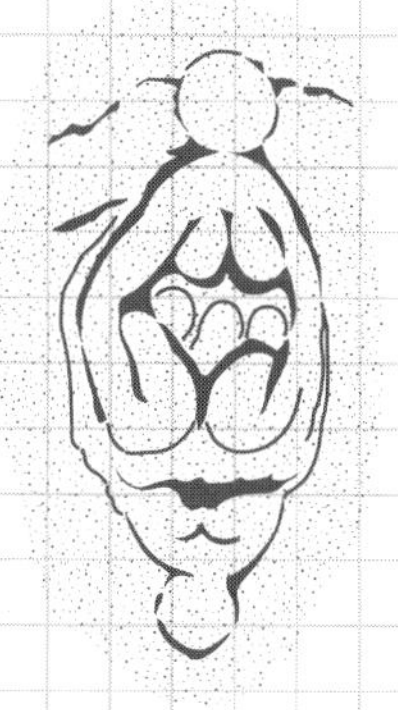

図21
石器時代のセックス瞑想の
究極奥義1　（ローセル洞窟より）

図22
石器時代のセックス瞑想の究極奥義2　（コンバレル洞窟より）

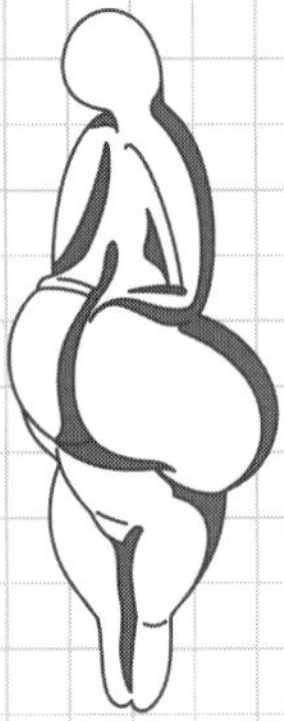

図 24
レスピューグの
ヴィーナス

図 23
ヴィレンドルフの
ヴィーナス

図 26
縄文のビーナス

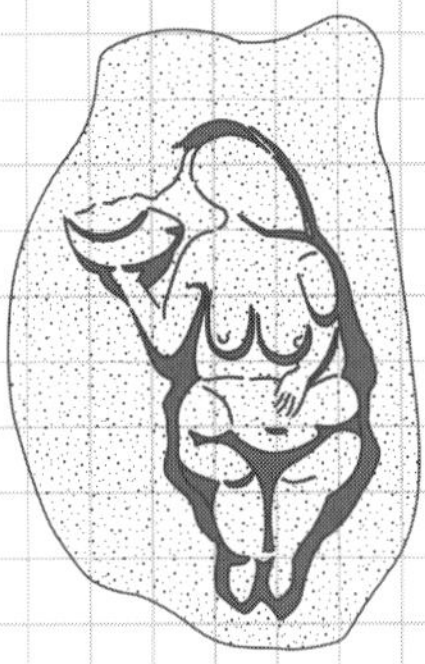

図 25
ローセルのヴィーナス

おわりに

一説では日本は、男根や女性器などの性器崇拝や性の祭り、性の儀礼あるいは性の芸能において世界一と言われております。

日本の性神信仰や性の祭りは一般に性愛文化大国と知られ、エロスの極意書（性典）『カーマスートラ』や『コーカシャストラ』（ラティラハスヤ）、『アナンガランガ』などを生み出したインドをも超える超性愛大国であることを性の人類学的研究の大家であるＧ・ブーシャンが説いているのです。

都会のど真ん中にもひっそりと性器の神々が祀られており、更に栃木県の水使神社のように世界中の性の探究者を驚嘆させている最高の性信仰が伝えられている土地も少なくありません……。そして、その信仰は古く縄文や旧石器時代にまで遡るフォルス（力）を秘めているのです。

また、この日本の性神に似た機能を持つセックスの神は、大衆歌謡の基礎であるロックの古層、演劇の古層、ダンスの古層にも顕れております。レグバやディオニュソス、シヴァです。大衆芸能の基層には最高のセックス瞑想の技法が宿っているのです。

レグバはロックのルーツであるブルースマン達に影響を与えたアフリカの精霊であり、ディオニュソスは演劇の神とされ、オルギー、オルギアの象徴的な存在です。また、シヴァはダンスの神であると同時に男根的（リンガ）な神でもあります。そしてレグバもディオニュソスもシヴァも男根を象徴する神であり、道祖神と同様に十字路の神なのです。また、我が国の歌の神とされるスサノオはディオニュソスやシヴァと極めて類似する特徴のある神とされております。

歌、演劇、ダンスなどの我々にとって身近な大衆芸能やサブカルチャーの源にはエロスがあり、性エネルギーがあるのです……。

本書は、キンゼイや高橋鉄などのセクソロジスト、宮武外骨や梅原北明といった性の達人たちから、『カーマスートラ』『素女経』『匂える園』といった性典、フーコーのセクシュアリティ研究、松園万亀雄、マリノフスキ、マーガレット・ミード、ケンブリッジ・リチュアリスト、などの性の人類学、折口信夫、中山太郎、赤松啓介などの性の民俗学、エラノス会議の神経科学とセックス瞑想の学際的研究、プロトエラノス（アスコナ）におけるバッハオーフェンが捉えた原初の地母神とプロトセックス瞑想、認知考古学（認知科学）、サド、バタイユ、ゴヤ……等々のセックスと瞑想に関係するあらゆる学問分野を縦断して、あらゆる瞑想の母である旧石器時代のプロトセックス瞑想の究極の極意を明らかにしてきました。

バッハオーフェンが捉えた原初の地母神の理論は、プロトエラノス（アスコナ）の聖典となり、プロトセックス瞑想をリバイバルしてゆき、それは、エラノス会議により神経科学的にブラッシュアップされ、究極のセックス瞑想の極意となっていったのです。

タオイズムやタントラは確かに強力な瞑想ですが、そこに留まっていればおそらくはタントラやタオイズムの真価を発揮することは出来ないのです。

タオイズムやタントラはその源にはプロトタオイズム、プロトタントラと呼べる領域があり、それはシャーマニズムの中にあるシャーマニック・セックスやオルギー、ヒエロスガモス、ファティリティ・ライトといった原初のプロトセックス瞑想の水源と交錯してゆく領域なのです。

エラノス会議やアスコナは、形骸化しつつある世界中の瞑想や世界中のセックス瞑想、性行為の真価を発揮させるための性と瞑想の究極奥義、コアを神経科学的に発見したのです。

セックスエネルギーは無限のフォルス（力）を持つとてつもないエネルギーです。従ってその扱い方を誤れば大変なことになる可能性もあるのです。性はその強力さゆえに使い方を誤れば諸刃の剣のような側面もあり、他者は元より自身も傷つけます。

それ故にチベット密教などでは、基礎としての顕教を鍛錬し、許された者だけが密教を学ぶことが出来たのです。

かつての世界各地の先住民の多くはエルカ・ブルギニョンなどの人類学的研究によれば村人全員がパフォーマンスの達人であり、瞑想の達人であり、セックス瞑想の達人であったことが解っております。

ここから言えることは、才能のあるなしなどというものはむしろ文明化されあらゆるパフォーマンスが抑圧された近代人の思い込みである可能性が高いのです。

元来、我々の中にはとてつもない潜在能力が誰にでも等しくあるということは、脳の仕組みや【エントプティック≒フォスフェン】のメカニズムから考えても明らかなのです。

しかし一般的に文明化され、あらゆる能力が抑圧された状態の我々は、セックスも鍛錬無しでは、十分にその効果を発揮することが難しい状況にあるのです。

一般的な性のデータや性の科学ジャーナリストなどによる低レベルなデータはそもそも鍛錬されていないセックスのデータが基準のために性の矮小化が進んでゆくのです。

性は本来、一般に想像される力とは次元の違うとてつもない潜在能力を持っているものなのです……。


本書はその鍛錬の方法、究極の極意を明らかにしてきました。これから読者諸氏には、毎日セックス瞑想を鍛錬していただき、性の達人、瞑想の達人、セックス瞑想の達人の道を歩んでいただきたいと思っております。

これからの未来のセックスは、あらゆるジェンダーやあらゆるエロティック・アラウザル・パターンを超越してゆくよりラディカルなオルタナティブ・セックスの時代がやってくる可能性があるのです。また、現状のオルタナティブ・ポルノを超えたよりラディカルな真・オルタナティブ・ポルノのようなものも生まれてくる可能性もあるのです……。

世界各地の神話や祭りには世界の危機をマジカルな性行為が救う、性行為が世界を復活させるものが、数多くあります。もちろん、これらはただの非現実的なお話ではないのです。我々の先祖は自然災害のたびに、疫病の流行のたびに、戦のたびに……性の瞑想により変性意識状態に入り、世界のバランスを調えようとしてきたのです……。

おそらくは、我々の社会や我々の性の文化が現状あまり良い方向に向かっていないのでは?と思われている方も少なくない中、やはりその答えとヒントはセックス瞑想の中にあるというのが、古代人からのメッセージのように思うのです……。

かつての日本人は、芸能民族、修行民族と呼ばれ日本人全員がパフォーマンスや瞑想の達人である時代がありました。更に日本人は、性愛民族、生殖民族とまで呼ばれ、生殖感覚の秘密の奥義を知る民族とも称されてきているのです……。

世の中全体が、セックス瞑想により、植物界の性の極意を再び悟り……かつての性愛民族としての潜在能力の解放と性の楽園、性肯定社会を取り戻すことを切望いたします。
最後にKKロングセラーズの編集部の皆様に心より感謝申し上げます。

武田 梵声

追悼　鳥山明先生　～エロス論と修行論の大家としての鳥山明～

本書を執筆している中、大変ショックなニュースが飛び込んで参りました……、鳥山明先生の訃報です……。

鳥山明先生の功績は今更申し上げるまでもないでしょうが、『Dr.スランプ』『ドラゴンボール』は元より『ドラゴンクエスト』シリーズのキャラクターデザイン、最近では『SAND LAND』などの数々の名作を送り出してきました。

そして、世界中で追悼される様子を観る度に、鳥山明先生の偉大さを改めて実感すると共に、80年代以降の日本は元より、世界のポップカルチャーに多大な影響を与えた方の訃報は、何やら胸にぽっかりと穴が空いたような感覚になり……、それでも何か書かねばという想いから、今、改めて筆を執っております……。

●修行論の聖典としての『ドラゴンボール』

かつて、解剖学者、医学博士である養老 孟司氏が、最も重要な漫画として『ドラゴンボール』を薦めていましたが、養老 孟司氏が薦められていた当時、『ドラゴンボール』という作品は、手塚作品やつげ 義春の作品のような評論や分析の対象というよりは、娯楽性の強い印象の作品というのが一般的な認識でしたが、養老 孟司氏は『ドラゴンボール』を修行論、身体論という切り口から高く評価してゆきました。

筆者もこれまでにも『野生の声音～人はなぜ歌い踊るのか～』「ドラゴンボールの神話性」（夜間飛行）や『野生の声音』の

小冊子2021年7月号「現前性（存在感）とは何か ラバンとアルトーから読み解くドラゴンボールの身体性」（夜間飛行刊）などで鳥山明先生の作品における修行論やエロス論について描いてきましたが、今回は、その集大成のつもりで描いてゆきたいと思います。

『ドラゴンボール』における主題となる【修行】ですが、そもそも修行とは何なのでしょうか?

【修行】の語源はチャリタであり、元来、心身の究極の領域を発動させるための鍛錬を指します。現実の修行の達人とされる瞑想者は6章で紹介している修行の達人以外にも徳本、山崎 弁栄、旗 玄教、あるいは現代の弘法大師と称された中村公隆などがおり、修行の大切さを我々に教えてくれる存在ですが、ドラゴンボールにおける修行もこれらの達人に匹敵するレベルで我々に修行のヒントを与えてくれるものであると筆者は考えております。

修行者は一般に行者、サドゥーと呼ばれ、『ドラゴンボール』の元ネタとなった『西遊記』の孫悟空も孫行者と呼ばれており、『西遊記』の頃から、孫悟空は修行者のシンボル的な存在だったのです。

そもそも、漫画やアニメでは修行シーンはつきものであり、古くは『巨人の星』の大リーグボール養成ギプス、『タイガーマスク』における修行場である虎の穴、昨今では、『NARUTO -ナルト-』や『HUNTER×HUNTER』、『鬼滅の刃』などで代表的な修行シーンが描かれております。また、武術を主題とした『拳児』や『史上最強の弟子ケンイチ』なども修行シーンの宝庫と言える作品です。

昨今の漫画では、『ONEPIECE』あたりを皮切りに修行シーンをカットしてゆくのが主流になりつつあるようですが、修行論や身体論から考えるならばあまり良い傾向とは言えないように思います。

宮崎　駿監督などは、『となりのトトロ』を観たら野山を駆け回りトトロを探しに行って欲しかったと語られておりますが、現実は皆さん、トトロのビデオやDVDが大好きで何十回観ました！何百回観ました！といった声が多かったと言われておりました。

宮崎駿監督はこの作品を通じて身体性の回復を望みましたが、それとは真逆の結果になったのです……。身体性の復権を説くことは重要な課題なのです。

しかし『ドラゴンボール』ほど【修行】という主題が描かれ、またそのイメージが一般に多大な影響を与えた作品はないように思います。

前述しましたように、『ドラゴンボール』の代表的な修行シーンや覚醒パターンは実際の修行や瞑想の鍛錬にも大変に役に立つものなのです。

『ドラゴンボール』全42巻はまさに現実の修行者たちにとっても聖典（バイブル）なのです。

その大きな理由の一つには、やはり『ドラゴンボール』が「スター・ウォーズ」から多大な影響を受けている点、ブルース・

リーやジャッキー・チェンのカンフー映画の影響があるように思います。

実は「スター・ウォーズ」はエラノス会議の中心メンバーであったジョーゼフ・キャンベルから多大な影響を受けたまさにエラノス思想の縮図的な作品であり、カンフー映画は、洪家拳や詠春拳、ジークンドー、あるいは北派、南派、内家拳、外家拳といった様々なクンフーの身体性が描かれいるのです。そして『ドラゴンボール』の中にはこれらが凝縮しているのです。

それ故に『ドラゴンボール』の修行シーンの多くは、現実の修行者にも多大なヒントを与えてくれるのです。

武天老師（亀仙人）による牛乳配達や畑仕事は、行住坐臥　作務　カルマヨーガといった現実の修行に近く、亀仙流の教えの基本も、

「よく動き　よく学び　よく遊び　よく食べて　よく休む」

といった日常生活全てを修行と考える禅や嵩山少林寺における行住坐臥やリアル武術の神である植芝 盛平や宮本 武蔵の教えにも共通するものがあるのです。

また、重力修行は重力が意識を変容させゾーンやフローを発動させるのは、神経科学的な事実であり、精神と時の部屋などは瞑想における内的感覚を表しており、頭頂葉やアドレナリンによる空間認識や時間感覚の変化が描かれていると考えることが出来ます。また、超神水のような毒の試練は先住民の通過儀礼にはよくあり、神様やミスター・ポポによる心を無にする修行は言うまでもないでしょう。

こうした修行あるいは戦闘により、『ドラゴンボール』の中では、あらゆる覚醒シーンが描かれております。有名なものに

超サイヤ人、身勝手の極意、我儘の極意、ビーストなどがございますが、これらも瞑想による人の覚醒パターンを見事に分類、表現されているのです。

瞑想は主にセロトニン型瞑想、アドレナリン型瞑想に分類されますが、怒りや闘争本能により覚醒する超サイヤ人、ビースト、我儘の極意はアドレナリンやノルアドレナリン、あるいはオステオカルシンやコルチゾールが分泌されたアドレナリン型瞑想的な覚醒パターンであり、心を落ち着かせ、更には感情を超越してゆく身勝手の極意はセロトニン型瞑想、あるいはエンドルフィン型瞑想による覚醒パターンであると言えるのです。

実際の武術の世界では、身勝手の極意は武産合気や入神の境地に近く、超サイヤ人、我儘の極意、ビーストは戦闘トランスモードと呼ばれる石器時代人がパフォーマンスや戦闘を行う際の基本的覚醒パターンに近いのです。

また、『ドラゴンボール』の天下一武道会に影響を与えたとされるのが、中国武術の集大成とされる南京中央国術館の全國術考試とされており、『ドラゴンボール』の射程の深さを実感出来るかと思います。

このように『ドラゴンボール』の【修行】と【覚醒パターン】は現実の修行や瞑想に多大なヒントを与えてくれるものなのです。

そして、何よりもドラゴンボールの【修行論】の本質は、現実世界の武術の達人である佐藤金兵衛が提唱する【一技万用】の考えに近いように思われます。すなわち一つの技が万の技、あらゆる技に応用されてゆくという武術論です。

この原理は『ドラゴンボール超』におけるヤードラット星での修行シーンでも説かれております。

強敵モロに勝つためにヤードラット星に修行に訪れたベジータに対し、ヤードラット星の長老ピバラが、瞬間移動や分裂、巨大化といった様々な術をベジータに見せると……、ベジータは敵に勝てる術を教えてくれ！と懇願します。それに対してピバラは以下のように答えるのです。

「なにか勘違いをしているようだが、我々はたくさんの術を知っているわけではない。すべては1つのことを学んでいるにすぎない……、術が生まれるのはその過程だ。」

一つのこととは？

「スピリットのコントロールだ。瞬間移動も増殖も巨大化も……、すべてはスピリットを移動させたり、わけたり、大きく見せたりしてるだけだ……。スピリットの仕組みを学べば必ず道は開けるだろう……。」
〜『ドラゴンボール超』第11巻より　ヤードラット星の長老ピバラの言葉〜

また、『ドラゴンボール』における修行の原点である武天老師の修行シーンにおきましても、【一技万用】的な考えが描かれております。

前述しました通り、武天老師の修行は一見、武術とは関係なさそうな牛乳配達や畑仕事などの労働を基礎鍛錬として行うわけですが、それに対して孫悟空とクリリンが拳法を教えて欲しいと頼むと武天老師は以下のように答えるのです。

「亀仙流武術の基本はおまえたちふたりがこの7カ月間毎日やってきた修行の中にすべてふくまれておる。自分では気づいておらんようじゃが目も拳も脚も体全て。そして頭の中まで鍛えられておるはずじゃ。拳法というのはただそれらの応用にすぎん」～『ドラゴンボール』第3巻より武天老師の言葉～

現実の武術の神と称される孫 禄堂もまた、三体式を内家三拳の基礎にして奥義と捉えたように、一つの基礎が万の技になる、【一技万用】的な考えは【修行】の根本にある考え方なのです。

現代人は目的のための練習や対症療法的な考え方が主流になっておりますが、根本原理はこのように万の物事に応用可能である場合が多いのです。そして、目的のための練習や対症療法的な練習では殆どの場合、技芸を極めてゆくことは出来ないのです。

『ドラゴンボール』の【修行論】は瞑想と技芸を極めてゆく者の聖典になりうるのです……。

●手塚治虫から継承した究極のエロティシズムを描くこと！～鳥山明のエロス論～

また、昨今、漫画やアニメの健康的なお色気がどんどんと規制されてゆく傾向がありますが、漫画やアニメにおける性表現の重要性は手塚治虫も『アポロの歌』『ふしぎなメルモ』『やけっぱちのマリア』などを描くことで主張しており、手塚治虫自身も究極のエロティシズムを描くことを生涯の目標としていることを語っているのです。

そして、手塚治虫自身が、鳥山明先生を後継者に名指ししていた位ですから、鳥山明先生が隠れたエロティシズムの大家であるというのは理に適っているように思うのです。

漫画やアニメの健康的なお色気が、エロティック・アラウザル・パターン（性的覚醒パターン）の形成に役立つこと、あるいは役立ってきたことは、多くの方が経験的にもご存知かと思います。

それは、50年代後半の小島 功によるプロトタイプ的なものから、60年代～70年代の永井豪の作品、70年代後半には、性表現の壁を突破したとされる『翔んだカップル』などがあり、昨今では『いちご100%』や『To LOVEる -とらぶる-』などがそうした少年漫画の健康的なエロスの象徴的な作品の代表であるように、

80年代～90年代にかけては、鳥山先生の親友である桂正和先生（『ウイングマン』『電影少女』『I"s』）などが代表格でした（80年代～90年代は、もう少し過激なところでは、みやすのんき　や上村純子の作品が代表格です）。

一般的に鳥山明先生の作品はこうしたお色気枠には入りませんが、作品の所々で描かれてきた性的描写や女性キャラクターの魅力は上記の作品に匹敵する、あるいはそれ以上の影響を日本の性的文化に与えてきたと言えます。

また、鳥山先生のエロティシズム的表現に最も影響を与えた存在に20世紀最大のセックスシンボルとされたラクエル・ウェルチがいたことも注目すべき点です。

そして、鳥山明先生のエロスの先見性は、『ドラゴンボール』のみならず、『ドラゴンクエスト』、『Dr.スランプ』などにおいても見出すことが出来ます。

例えば、『ドラゴンボール』や『ドラゴンクエスト』におけるパフパフや初期の天下一武道会における痴女的なキャラクターとして有名なランファンなどです。

また、80年代当時は女性の胸はそれほど大きく描かない傾向が主流の中でブルマ（ドラゴンボールのヒロイン）など胸が大きく描かれたキャラクターというのも画期的だったのです。

日本の性産業において、1987年頃からDカップブーム、90年代に巨乳、痴女が一般的に認知されたとされておりますが、鳥山明先生はこうしたエロスのプロトタイプを性産業を先取りする形で、見事に80年代半ばの段階で描いているのです。

また、日本の性カルチャーの歴史の中で大変重要なものに、ノーパン喫茶がありますが、鳥山明先生は『Dr.スランプ』の「ときめきティールームの巻」の中でノーパン喫茶を主題にしたエピソードを描いております。（きっさルパンというお店の　看板の文字が外れていたことで、きっさノーパンとなってしまった看板を見た　則巻千兵衛博士がノーパン喫茶と誤解するというお話です。）

このノーパン喫茶の登場により、性的な仕事がそれ以前に比べて、ハードルが下がり、気軽に出来るようになっていったとされており、いわゆる一般的な普通の女性が性産業に進出するきっかけを作ったとされているのです。同様の現象は後の飯島愛のデビューによっても起きたとされております……。

このように鳥山明先生は隠れた性の巨匠といえ、日本の性カルチャーにも多大な影響を与えていったのです。手塚治虫先生の究極のエロティシズムの探究も鳥山明先生は結果的に継承されたように思うのです……。

●元気玉のアニミズムとマナイズム

最もアフリカ的とも称されたソウルシンガーであるジェームス・ブラウンは、「俺のレコードを持ってなくても、あんたが持ってる全部のレコードに俺が入っている。今の世の中に出てるどんな音楽も俺の影響を受けている……。」

と語っておりますが、鳥山明先生の影響もたとえ『Dr.スランプ』『ドラゴンボール』『ドラゴンクエスト』を知らない人であっても間接的に多大な影響を与えていると言えるでしょう。それも日本のみならず、世界中でです……。

昨今では、ウータンクランのRZAにより『ドラゴンボール』と黒人文化の類似性が指摘され、ブラックカルチャーにも多大な影響を与えているのです。

ですから鳥山先生に興味があるかないかなどということはあまり意味のないことなのです。むしろ手塚作品、石ノ森作品、藤子不二雄作品あるいは萩尾 望都の作品などのように知っていなければ世の理を正しく理解出来ないような領域に鳥山作品もあるのです。かつて、虎造節が日本の生活の隅々にまで浸透したように鳥山先生の作品の影響も世界のカルチャー全体に大きな影響を与えているのです。

そして鳥山先生の原点について、かつてアングラ演劇の演出家であり、漫画評論家の高取 英が監修された漫画評論集の中で語られていたことが筆者は印象に残っております。それは、鳥山明の世界の原点はペンギン村という架空のおもちゃ箱の設定にあったということです。そしてそれは、『ドラゴンボール』『Dr.スランプ』のみならず『ネコマジンシリーズ』や『銀河パトロール ジャコ』などにも通底した鳥山先生の世界観の基層にあったように思うのです。

また、大友克洋と並び手塚治虫から絶賛された画力の高さも鳥山先生の最大の魅力の一つであることは言うまでもないように思います。

漫画というのは、演劇のプロトタイプとされるコメディア・デラルテやパンチとジュディあるいは、漢字の原型とされる甲骨文字などの影響があると考えられており、手塚治虫以前にも北澤 楽天、小生夢坊、田河 水泡といった達人がおりましたし、トキワ荘出身の作家やガロ系の作家などが、現代漫画の基礎を作ってゆきましたが、鳥山先生はこうした流れにまた新たな潮流を作り出してゆき、またその中心にいらした方でした。

アニメもまた、日本には古くから絵解きやのぞきからくりといったアニメの原型のような芸能がありました。
また、アニメというのはその語源から考えましても、そのプロトタイプには瞑想の最も基本となる考えである森羅万象にエネルギーが宿るとするアニミズムやマナイズムの思想があるのです。

『ドラゴンクエスト25周年記念 ファミコン&スーパーファミコン ドラゴンクエストⅠ・Ⅱ・Ⅲ』のスタッフロールでは、鳥山先生がデザインしたモンスター達が集大成的に描かれてゆきますが、それはまるで自然の精霊のようであり、それはアニミズムの感覚が強くなければ描くことは出来ないように思うのです……。

また、森羅万象から少しずつ気をわけてもらい作り出す『ドラゴンボール』の元気玉という必殺技はアニミズムやマナイズムを我々に実感させてくれる技です……。

宗教現象学的にマナと気は類似した現象とされ、鳥山先生の描写はかなり原初的なマナイズムに近いものなのです。

この原初のアニミズムやマナイズムの感覚は欧米では比較的早くに失われ、日本のアニメ、漫画、ゲームといったコンテンツの中に残されていると考える研究者も多くおります。

そして、そうした古代の記憶を最も我々に思い出させてくれるのが、鳥山明先生の作品なのだと筆者は思います。

アニミズムやマナイズムあるいは、神話的モチーフを意図的に取り入れたアニメや漫画は他にも多々ありますが、鳥山先生の作品はそれが説教臭くなく、まるで呼吸をするかのように自然と描かれているのです。

鳥山先生の作品が世界中で愛されている根源的な理由はそのあたり（人類全体に通底したとてつもなく古い記憶を思い出させてくれる）にあるように筆者は思うのです……。

世界各地で鳥山先生を多くの人達が追悼する様子はまるで元気玉のようでした……。

そしてそれは、（アニミズム、マナイズムの感覚を思い出すことは、）修行や瞑想において最も重要なことなのです……。

これからも『ドラゴンボール』は修行論の聖典（バイブル）として世界中の多くの人達に影響を与えてゆくでしょう……。

心より鳥山明先生のご冥福をお祈り申し上げます……。

★参考文献

『性の歴史』 全4巻 ミシェル・フーコー 新潮社

『性と文化の革命』 W・ライヒ 勁草書房

『オルガスムの機能』 W・ライヒ 太平出版社

『オルガスムの歴史』 ロベール・ミュッシャンブレ 作品社

『オルガスムの科学』 バリー・R・コミサリュック、カルロス・バイヤー＝フローレス、ビバリー・ウィップル 作品社

『愛の探究：生の意味の創造 』アーヴィング・シンガー 法政大学出版局

『人生の意味：価値の創造』アーヴィング・シンガー 法政大学出版局

『オルガスムスのウソ』 ロルフ・デーゲン 文藝春秋

『体位の文化史』 アンナ・アルテール、ペリーヌ・シェルシェーヴ 作品社

『聖なる快楽』 リーアン・アイスラー 法政大学出版局

『聖娼—永遠なる女性の姿』 N・クォールズ・コルベット 日本評論社

『インド寺院の売春婦』 ジョーガン・シャンカール 三一書房

『聖婚：古代シュメールの信仰・神話・儀礼』S・N・クレーマー 新地書房

『図説娼婦の歴史』 ヴィオレーヌ・ヴァノイエク 原書房

『売春の社会史 』上下巻 バーン・ブーロー、ボニー・ブーロー 筑摩書房

『娼婦』 上下巻 アラン・コルバン 藤原書店

『快楽の歴史』 アラン・コルバン 藤原書店

『強姦の歴史』 ジョルジュ・ヴィガレロ 作品社

『乱交の文化史』 バーゴ・パートリッジ 作品社

『官能教育：私たちは愛とセックスをいかに教えられてきたか』 植島啓司 幻冬舎

『人生を生きる性脳学 』 大島清 講談社

『セックス&ブレイン：「女と男」の科学最前線』ジョー・ダーデン＝スミス、ダイアン・シモーヌ 工作舎

『世界性風俗じてん』 上下巻 福田和彦 河出書房新社

『宮廷風恋愛の技術 』 アンドレアス・カペルラヌス 法政大学出版局

『宮廷風恋愛について：ヨーロッパ中世の恋愛指南書』 アンドレアス・カペルラヌス 南雲堂

『恋愛の誕生：12世紀フランス文学散歩』水野尚　京都大学学術出版会
『恋愛制度、束縛の2500年史：古代ギリシャ・ローマから現代日本まで』鈴木隆美　光文社
『背徳の西洋美術史 = Immoral Art History：名画に描かれた背徳と官能の秘密』池上英洋、青野尚子　エムディエヌコーポレーション
『性愛の絵画史 = Art history of Eros：エロティックアートの麗しき官能世界』春燈社 編　辰巳出版
『世界sex百科：肉体と意識、そして各国の性風俗』由良橋勢　データハウス
『性愛の社会史：近代西欧における愛』ジャック・ソレ　人文書院
『性への自由／性からの自由：ポルノグラフィの歴史社会学』赤川学　青弓社
『セクシュアリティ基本用語事典』ジョー・イーディー　明石書店
『セクシュアリティの歴史社会学』赤川学　勁草書房
『セクシュアリティ』ジェフリー・ウィークス　河出書房新社
『Vividas：セクシュアリティを考えるための用語集』VIVID セクシュアリティを考える会 編　VIVID セクシュアリティを考える会
『ゲイ 同性愛のルポルタージュ』富田 英三　東京書房
『教養のためのセクシュアリティ・スタディーズ』風間孝、河口和也、守如子、赤枝香奈子　法律文化社
『近代日本のセクシュアリティ』全35巻ゆまに書房
『見えない性的指向アセクシュアルのすべて：誰にも性的魅力を感じない私たちについて』ジュリー・ソンドラ・デッカー　明石書店
『ACE：アセクシュアルから見たセックスと社会のこと』アンジェラ・チェン　左右社
『女性の権利の擁護―政治および道徳問題の批判をこめて』メアリ・ウルストンクラーフト　未來社
『新しい女性の創造』ベティ・フリーダン　大和書房
『第二の性』全5巻　ボーヴォワール　新潮社
『キャサリン・マッキノンと語る：ポルノグラフィと売買春』キャサリン・マッキノン　不磨書房
『アメリカ黒人女性とフェミニズム：ベル・フックスの「私は女ではないの？」』ベル・フックス　明石書店

『ひれふせ、女たち―ミソジニーの論理』 ケイト・マン 慶應義塾大学出版会
『美とミソジニー』シーラ・ジェフリーズ 慶應義塾大学出版会
『性の政治学』 ケイト・ミレット 自由国民社
『性の弁証法：女性解放革命の場合』 S・ファイアストーン 評論社
『男同士の絆：イギリス文学とホモソーシャルな欲望』 イヴ・K・セジウィック 名古屋大学出版会
『伊藤野枝集』 伊藤野枝 岩波書店
『元始、女性は太陽であった：平塚らいてう自伝 』 上下巻 平塚らいてう 大月書店
『女ぎらい ニッポンのミソジニー』 上野千鶴子 朝日新聞出版
『家父長制と資本制：マルクス主義フェミニズムの地平』 上野千鶴子 岩波書店
『男流文学論』 上野千鶴子、小倉千加子、富岡多恵子 筑摩書房
『セクシュアリティの心理学』 小倉千加子 有斐閣
『死生学 』 全5巻 島薗 進・竹内整一・小佐野重利 東京大学出版会

『死生学入門』 石丸昌彦 放送大学教育振興会
『官能の人類学 ：感覚論的転回を超えて』 石井美保、岩谷彩子、金谷美和、河西瑛里子 ナカニシヤ出版
『攻撃の人類学：ことば・まなざし・セクシュアリティ』 D・ギルモア 藤原書店
『性の歴史学：公娼制度・堕胎罪体制から売春防止法・優生保護法体制へ』 藤目ゆき 不二出版
『歴史はｓｅｘでつくられる』 リチャード・ゴードン 時空出版
『奇祭』 杉岡幸徳 有楽出版社
『道祖神散歩』 道祖神を歩く会、野中昭夫 新潮社
『道祖神と性器形態神』 倉石忠彦 岩田書院
『酒の神ディオニュソス』 楠見千鶴子 講談社
『盆踊り：乱交の民俗学』 下川耿史 作品社
『即興ダンスセラピーの哲学：身体運動・他者・カップリング』 鈴木信一 晃洋書房
『性の進化、ヒトの進化：類人猿ボノボの観察から』 古市剛史 朝日新聞社
『道徳性の起源：ボノボが教えてくれること』 フランス・ドゥ・ヴァール 紀伊國屋書店

『ヒトに最も近い類人猿ボノボ』フランス・ドゥ・ヴァール　ティビーエス・ブリタニカ

『生命誌とは何か』中村桂子　講談社

『子づくりの博物誌：生と性をめぐるイマジネーション』碓井益雄　工作舎

『性の起源：遺伝子と共生ゲームの30億年』リン・マーグリス、ドリオン・セーガン青土社

『不思議なダンス：性行動の生物学』リン・マーグリス、ドリオン・セーガン　青土社

『性とはなにか』リン・マーグリス、ドリオン・セーガン　せりか書房

『未開人の性生活』B・マリノウスキー　ぺりかん社

『未開社会における性と抑圧』B・マリノウスキー　社会思想社

『未開人のエロス』白川竜彦　大陸書房

『未開社会の性生活』F・ライツェンシュタイン、H・フェーリンガー　刀江書院

『性生活の原初形態：未開人における生態』H・フェーリンガー　クラウン社

『性の文脈』松園万亀雄　雄山閣

『グシイ：ケニア農民のくらしと倫理』松園万亀雄　弘文堂

『性と出会う：人類学者の見る、聞く、語る』松園万亀雄　講談社

『社会人類学におけるセクシユアリテイの基礎的研究』松園万亀雄　東京都立大学

『女神：聖と性の人類学』田中雅一　平凡社

『ジェンダーで学ぶ宗教学』田中雅一、川橋範子　世界思想社

『ジェンダーで学ぶ文化人類学』田中雅一・中谷文美　世界思想社

『癒しとイヤラシ：エロスの文化人類学』田中雅一　筑摩書房

『誘惑する文化人類学：コンタクト・ゾーンの世界へ』田中雅一　世界思想社

『性と結婚の民族学』和田正平　同朋舎出版

『性と文化』山本真鳥　法政大学出版局

『アフリカ女性の民族誌：伝統と近代化のはざまで』和田正平　明石書店

『精霊と結婚した男』ヴィンセント・クラパンザーノ　紀伊国屋書店

『母神信仰』喜多路　錦正社

『豊穣と不死の神話』吉田敦彦　青土社

『桃太郎の母』　石田英一郎　講談社
『浄のセクソロジー』　南方熊楠　河出書房新社
『縄文物語』　宗左近　新潮社
『縄文まで』　宗左近　筑摩書房
『続縄文：宗左近詩集』　宗左近　思潮社
『縄文土器の文様はなにを語る：私の縄文芸術論』　宗左近　西津軽郡教職員組合
『日本美縄文の系譜』　宗左近　新潮社
『縄文人の世界：日本人の原像を求めて』　梅原猛
『甦る縄文の思想』　梅原猛，中上健次　有学書林
『日本の深層：縄文・蝦夷文化を探る』　梅原猛　集英社
『幻覚世界の真実』　テレンス・マッケナ　第三書館
『神々の糧：太古の知恵の木を求めて』　テレンス・マッケナ　第三書館
『身体図式：自己身体意識の学説への寄与』　P・シルダー　金剛出版
『運動の成り立ちとは何か』　舟波真一、山岸茂則　文光堂
『身体の歴史』　全3巻　A・コルバン、J・J・クルティーヌ、G・ヴィガレロ　藤原書店
『バイオエナジェティックス：心身の健康体操』　アレクサンダー・ローウェン、レスリー・ローウェン　思索社
『バイオエナジェティックス：原理と実践』　アレクサンダー・ローエン　春秋社
『からだは嘘をつかない：うつ・不安・失感情、〈からだ〉からのアプローチ』　アレクサンダー・ローエン　春秋社
『からだのスピリチュアリティ』　アレクサンダー・ローエン　春秋社
『ソマティック心理学』　久保隆司　春秋社
『エロス論集』　ジークムント・フロイト　筑摩書房
『昔話の魔力』　ブルーノ・ベッテルハイム　評論社
『性の象徴的傷痕』　ブルーノ・ベッテルハイム　せりか書房
『遊女の文化史：ハレの女たち』　佐伯順子　中央公論社
『遊女の歴史』　滝川政次郎　至文堂
『中世の非人と遊女』　網野善彦　講談社
『遊女記』　大江匡房　大和書房
『傀儡子記』　大江匡房　大和書房
『夢：その現存在分析』　メダルト・ボス　みすず書房
『性的倒錯：恋愛の精神病理学』　メダルト・ボス　みすず書房

『東洋の英知と西欧の心理療法：精神医学者のインド紀行』メダルト・ボス　みすず書房
『心身医学入門』メダルト・ボス　みすず書房
『現存在分析』荻野恒一　紀伊国屋書店
『インド・色好みの構造』田中於莬弥　春秋社
『女陰考：性学古典より』秋田昌美　桜桃書房
『性の猟奇モダン：日本変態研究往来』秋田昌美　青弓社
『セックス・シンボルの誕生』秋田昌美　青弓社
『倒錯のアナグラム：周縁的ポルノグラフィーの劇場』秋田昌美　青弓社
『大正昭和艶本資料の探究』斎藤夜居　芳賀書店
『性の発禁本』城市郎　河出書房新社
『宮武外骨著作集』全8巻　河出書房新社
『秘戯指南』梅原北明　文芸市場社
『秘戯指南　続』梅原北明　文芸市場社
『デカメロン』上下巻　ボッカチヨ　梅原北明　南欧芸術刊行会
『秘志生態風俗選』全10巻　日輪閣
『日本人の性生活』フリートリッヒ・S・クラウス　青土社
『性と日本人』樋口清之　講談社

『講座日本風俗史』別巻 第1～第3（性風俗 第1集～第3集）雄山閣出版株式会社講座日本風俗史編集部 編　雄山閣出版
『風俗の歴史』全10巻　フックス　安田徳太郎　光文社
『人間の歴史 第1（食と性の発端）』安田徳太郎　光文社
『性のみほとけ』伊藤堅吉　図譜新社
『性神秘仏：歴史・美術ガイド』岡田喜秋監修　みずうみ書房
『性崇拝』太田三郎　黎明書房
『日本に於ける生殖器崇拝』エドマンド・バックレー、出口米吉
[出版者不明]
『原始母神論』（性の民俗叢書 3）出口米吉 勉誠出版
『性的神の三千年 変態蒐癖志 変態崇拝史』（性の民俗叢書 4）斎藤昌三　勉誠出版
『図説性の神々』西岡 秀雄　実業之日本社
『図説エロスの神々：インド・ネパールの太陽神殿とタントラ美術』福田和彦　河出書房新社
『世界の性習俗』杉岡幸徳　KADOKAWA
『アイヌの生活』河野広道　楡書房
『売笑三千年史』中山太郎　筑摩書房
『日本婚姻史』中山太郎　春陽堂

『愛慾三千年史』 中山太郎 サイレン社
『赤松啓介民俗学選集』 全7巻 赤松啓介 明石書店
『世界性学全集』 全20巻 永井潜監修 河出書房新社
『世界セクソロジー全集』全6巻 新流社
『現代性科学・性教育事典』 現代性科学・性教育事典編纂委員会 編 小学館
『新編セクソロジー辞典』 石浜淳美 編著 メディカ出版
『現代セクソロジー辞典』 R・M・ゴールデンソン、K・N・アンダーソン 大修館書店
『セクソロジー百科』 駿河台書房
『セクソロジー・ノート』 村瀬幸浩 十月舎
『ヒューマン・セクソロジー = HUMAN SEXOLOGY』 狛潤一、佐藤明子、水野哲夫、村瀬幸浩 子どもの未来社
『クラフト=エビング変態性慾ノ心理』 リヒャルト・フォン クラフト=エビング 原書房
『性の心理』 ハヴロック・エリス 全6巻 未知谷
『人間の性反応：マスターズ報告』 W・H・マスターズ、V・E・ジョンソン 池田書店

『山本宣治全集』第2巻（性教育） 汐文社
『山本宣治の性教育論：性教育本流の源泉を探る』 山本直英 明石書店
『性典研究 性愛術篇』 高橋鉄 性科学資料刊行会
『アブノーマル—異常性愛の心理と行動の分析』 高橋鉄 河出書房新社
『あぶ・らぶ』 高橋鉄 河出書房新社
『あるす・あまとりあ』 高橋 鉄 河出書房新社
『日本の神話—性のユートピアを求めて』 高橋鉄 河出書房新社
『性感の神秘』 高橋鉄 河出書房新社
『間違いだらけの性生活』 奈良林祥 有紀書房
『愛と性の知恵』 ドクトル・チエコ 青春出版社
『性生活の知恵』 謝国権 池田書店
『セクソロジー事始め』 石浜淳美 メディカルカルチュア
『脳内セックス：人は大脳皮質で性を感じる』 石濱淳美 メディカ出版
『性摩訶不思議：おとなの雑学』 石濱淳美 彩図社
『性欲の科学』 オギ・オーガス、サイ・ガダム 阪急コミュニケーションズ

『サティスファクション：究極の愛の芸術』 キム・キャトラル、マーク・レヴィンソン アーティストハウス
『ハイト・リポートｐａｒｔ１』 シェアー・ハイト パシフィカ
『性の進化論：女性のオルガスムは、なぜ霊長類にだけ発達したか？』 クリストファー・ライアン、カシルダ・ジェタ 作品社
『みんな、気持ちよかった!：人類10万年のセックス史』 ジョナサン・マーゴリス ヴィレッジブックス
『性のアウトサイダー』 コリン・ウィルソン 青土社
『宗教とエロス』 ヴァルター・シューバルト 法政大学出版局
『チャタレイ夫人の恋人』 ロレンス 新潮社
『古代中国の性生活―先史から明代まで』 R・H・ファン・フーリック せりか書房
『医心方の世界』 槇佐知子 人文書院
『医心方事始』 槇佐知子 藤原書店
『医心方』全30巻33冊 丹波康頼 槇佐知子 筑摩書房
『中国性愛文化』 劉達臨 青土社
『道教』 アンリ・マスペロ 平凡社
『中国近世の性愛：耽美と逸楽の王国』 呉存存 青土社
『「気」の思想から見る道教の房中術』 坂出祥伸、梅川純代 五曜書房
『中国の性愛テクノロジー』 大沢昇 青弓社
『中国の性愛術』 土屋英明 新潮社
『中国艶書大全』 土屋英明 研文出版
『肉麻図譜：中国春画論序説』 中野美代子 作品社
『反密教学』 津田真一 春秋社
『性と死の密教』 田中公明 春秋社
『ヒンドゥー教の聖典二篇』（東洋文庫） 平凡社
『インド後期密教』上下巻 松長有慶 春秋社
『タントラの世界』 フィリップ・ローソン 青土社
『カーマ・スートラ』 福田和彦 ベストセラーズ
『完訳カーマ・スートラ』 ヴァーツヤーヤナ 平凡社
『性愛の秘本 コーカ・シャストラ』 アレックス カンフォート 河出書房新社
『邪教・立川流』 真鍋俊照 筑摩書房
『真言立川流―謎の邪教と鬼神ダキニ崇拝』 藤巻一保 学研プラス

『セックスから超意識へ』 バグワン・シュリ・ラジニーシ　ラジニーシ・パブリケーションズ・ジャパン
『恋愛指南―アルス・アマトリア』 オウィディウス　岩波書店
『法の書』 アレイスター・クロウリー　国書刊行会
『黄金の夜明け魔法大系6』 秋端勉　国書刊行会
『匂える園』 マホメッド・エル ネフザウィ　青弓社
『サイレント・ラブ』 五木寛之　角川書店
『愛に関する十二章』 五木寛之　角川書店
『媚薬の博物誌』 立木鷹志　青弓社
『エロスの涙』 ジョルジュ・バタイユ　筑摩書房
『エロティシズム』 ジョルジュ・バタイユ　筑摩書房
『エロティシズムの歴史』 ジョルジュ・バタイユ　哲学書房
『日本艶本大集成』 艶本研究刊行会 編　緑園書房
『世界艶本大集成』 艶本研究刊行会　緑園書房
『世界セクシー文学全集』 全13巻　新流社
『美徳の不幸』 マルキ・ド・サド　河出書房新社
『悪徳の栄え』 上下巻　マルキ・ド・サド　河出書房新社
『サド侯爵の生涯』 澁澤 龍彦　中央公論新社
『エロスの解剖』 澁澤 龍彦　河出書房新社

『エロティシズム』 渋澤龍彦　中央公論新社
『セクシュアリティの戦後 マゾヒズムと戦後のナショナリズム』 河原梓水　三人社
『SとM』 鹿島茂　幻冬舎
『完全総括SM手引き書』 長池士　二見書房
『緊縛の文化史』 マスター〝K〟　すいれん舎
『マゾッホとサド』 ジル・ドゥルーズ　晶文社
『ザッヘル＝マゾッホの世界』 種村季弘　平凡社
『アメリカの性の革命』 P・A・ソロキン　時事通信社
『性の革命』 ベンジャミン・モース　ビデオ出版
『性の荒野』 V・パッカード　ダイヤモンド社
『性と聖―性の精神文化史』 クリフォード ビショップ　河出書房新社
『ディオニューソス：神話と祭儀』 ワルター・F・オットー　論創社
『ディオニューソス：破壊されざる生の根源像』 カール・ケレーニイ　白水社
『儀礼と神観念の起原：ディオニューソス神楽からナチス神話まで』 石塚正英　論創社

『心理学と錬金術』全2巻　C・G・ユング　人文書院
『ユング・コレクション4』C・G・ユング　人文書院
『エリアーデ著作集』全13巻　せりか書房
『母権制』上下巻　J・J・バハオーフェン　白水社
『母権制序説』J・J・バハオーフェン　筑摩書房
『バッハオーフェン論集成』臼井隆一郎　世界書院
『バッハオーフェン：母権から母方オジ権へ』石塚正英　論創社
『グレート・マザー―無意識の女性像の現象学』エーリッヒ ノイマン　ナツメ社
『大地母神の時代』安田喜憲　角川書店
『愛と性と母権制』エーリッヒ・フロム　新評論
『神話・伝承事典―失われた女神たちの復権』バーバラ ウォーカー　大修館書店
『宇宙生成的エロース』L・クラーゲス　うぶすな書院
『意識の本質について』ルートヴィッヒ・クラーゲス　うぶすな書院
『リズムの本質』ルートヴィヒ・クラーゲス　みすず書房
『古代社会』上下巻　L・H・モルガン　岩波書店
『奥義直伝：オルガスムス取得7日間エクササイズ』加藤鷹　ロングセラーズ
『究極奥義』加藤鷹　ロングセラーズ
『究極奥義〈3・2・5の法則〉』加藤鷹　ロングセラーズ
『加藤鷹 love sex』加藤鷹　ロングセラーズ
『秘戯伝授：最終章』加藤鷹　ロングセラーズ
『大人のラブグッズ入門（Oh! book. あれから10年秘技伝授：#003）』加藤鷹、Tohjiro　ロングセラーズ
『ハートフルセックス：愛を高める72の法則』中谷彰宏、加藤鷹　ロングセラーズ
『セックスでわかる頭のいい人・悪い人：「快楽」を引き出す「本質」に迫る』愛染恭子　ロングセラーズ
『間違いだらけのセックス：その思い込みが女を萎えさせる』愛染恭子　ロングセラーズ
『女を究極の絶頂に導く「オトコ術」』愛染恭子　ロングセラーズ
『女をスケベにさせるloveテクニック75』愛染恭子　ロングセラーズ
『谷沢永一性愛文学』谷沢永一　ロングセラーズ
『ストリップ芸大全』ストリップ史研究会　データハウス

『日本ストリップ50年史』 みのわ・ひろお 三一書房
『本邦ストリップ考』 小沢昭一 晶文社
『一条さゆりの性』 駒田信二 講談社
『踊る菩薩：ストリッパー・一条さゆりとその時代』 小倉孝保 講談社
『いとしのブルーフィルム』 長谷川卓也 青弓社
『回想の「風立ちぬ」―土佐のクロサワ覚え書き』 伊集院 通 マガジンハウス
『実録ポルノオビ屋闇の帝王』 矢野 卓也 徳間書店
『エロ事師たち』 野坂昭如 新潮社
『実録・エロ事師たち』 吉村平吉 立風書房
『ポルノ聖談：私を発奮させた性の探検者たち』 梶山季之 祥伝社
『伝説の映画監督 若松孝二秘話：ピンク映画の巨匠、一般映画の鬼才』 弥山 政之 彩流社
『ピンク映画水滸伝 その誕生と興亡』 鈴木 義昭 人間社
『映画監督神代辰巳』 神代辰巳 国書刊行会
『日活ロマンポルノ全史』 松島 利行 講談社
『リンダ・ウィリアムズ-ボディジャンルと幻想の論理』 木下千花 東京大学出版会
『ポルノ・ムービーの映像美学』 長澤均 彩流社
『代々木忠虚実皮膜：AVドキュメンタリーの映像世界』 東良美季 キネマ旬報社
『つながる：セックスが愛に変わるために』代々木忠 祥伝社
『プラトニック・アニマル：Sexの新しい快感基準』 代々木忠 情報センター出版局
『快楽の奥義：アルティメット・エクスタシー』 代々木忠 角川書店
『エクスタシー』 代々木忠 恒友出版
『人生を変えるセックス：愛と性の相談室』 代々木忠 幻冬舎
『生きる哲学としてのセックス』 代々木忠 幻冬舎
『至高体験：そのメカニズムと変容』 山口椿、代々木忠 徳間書店
『ポリネシアン・セックス』 吉沢明歩 ベストセラーズ
『スローセックス実践入門：真実の愛を育むために』 アダム徳永 講談社
『スローセックス完全マニュアル：実践イラスト版』 アダム徳永 講談社

『セックスのほんとう』一徹　ディスカヴァー・トゥエンティワン
『レジェンド男優の食事術』田淵正浩　秀和システム
『おとな48手　心と体にやさしいメソッド』田淵正浩　アスコム
『しみけん式「超」SEXメソッド 本物とはつねにシンプルである』しみけん　笠倉出版社
『人生最高のセックスでもっと気持ちよくなる』森林原人　KADOKAWA
『ぼくの仕事はセックスです：AV女優4000人との挿入日記』日比野達郎　双葉社
『哲学』チョコボール向井　小学館
『すべてはモテるためである』二村ヒトシ　ロングセラーズ
『AV女優のお仕事場』溜池ゴロー　ベストセラーズ
『全裸監督の修羅場学』村西とおる　徳間書店
『日本AV全史』安田理央　ケンエレブックス
『日本エロ本全史 = All about Japanese Porno magazine』安田理央　太田出版
『結婚愛』マリー・ストープス　アルス
『完全なる結婚』ヴァンデヴェルデ　金園社
『モア・ジョイ・オブ・セックス』アレックス・コンフォート　スコラ
『セックス革命―M．O．で変わるふたりの愛』バーバラ・キースリング　同朋舎出版
『エロスと精気』ジェイムズ・N・パウエル　法政大学出版局
『愛のヨガ』ルドルフ・V・アーバン　新泉社
『カンデル神経科学』エリック・カンデル　メディカルサイエンスインターナショナル
『スタンフォード神経生物学』柚﨑通介　岡部繁男　メディカルサイエンスインターナショナル
『認知科学辞典』日本認知科学会　共立出版
『MIT認知科学大事典』Robert・A・Wilson　共立出版
『認知革命―知の科学の誕生と展開』ハワード・ガードナー　産業図書
『認知考古学の理論と実践的研究―縄文から弥生への社会・文化変化のプロセス』松本直子　九州大学出版会
『民族心理学：人類発達の心理史』ウィルヘルム・ヴント　誠信書房

『ウィリアム・ジェイムズ著作集』全7巻　ウィリアム・ジェイムズ　日本教文社
『エラノス叢書 』全10巻　平凡社
『井筒俊彦著作集』全12巻　中央公論社
『折口信夫全集』全32巻　中央公論新社
『折口信夫全集 ノート編』全19巻　中央公論社
『新修平田篤胤全集』全21巻　平田篤胤　名著出版
『聖なるもの』オットー　岩波書店
『エリアーデ著作集』ミルチャ・エリアーデ　全13巻　せりか書房
『世界宗教史』ミルチャ・エリアーデ　全8巻　筑摩書房
『シャーマニズム』ミルチャ・エリアーデ　上下巻　筑摩書房
『芸術と聖なるもの』ファン・デル・レーウ・H　せりか書房
『種村季弘のネオ・ラビリントス4　幻想のエロス』種村季弘　河出書房新社
『イスラーム哲学史』アンリ・コルバン　岩波書店
『カバラとその象徴的表現』ゲルショム・ショーレム　法政大学出版局
『ユダヤ神秘主義』ゲルショム・ショーレム　法政大学出版局

『元型的心理学』ジェイムズ・ヒルマン　青土社
『我と汝・対話』マルティン・ブーバー　みすず書房
『黄金の華の秘密』C・G・ユング　R・ヴィルヘルム　人文書院
『クンダリニー・ヨーガの心理学』C・G・ユング　創元社
『人間はどこまで動物か』アドルフ・ポルトマン　岩波書店
『ラスコーの壁画』ジョルジュ・バタイユ　二見書房
『永遠の現在　美術の起源』S・ギーディオン　東京大学出版会
『洞窟のなかの心』デヴィッド・ルイス＝ウィリアムズ　講談社
『身ぶりと言葉』アンドレ・ルロワ・グーラン　筑摩書房
『世界の根源』アンドレ・ルロワ・グーラン　筑摩書房
『心の先史時代』スティーヴン・ミズン　青土社
『神々の沈黙　意識の誕生と文明の興亡』ジュリアン ジェインズ　紀伊國屋書店
『仮面の道』クロード・レヴィ・ストロース　筑摩書房
『タントラ東洋の知恵』アジット・ムケルジー　新潮選書
『秘密集会タントラ』松長 有慶　法蔵館
『中国禅思想史』伊吹敦　禅文化研究所
『抱朴子』全3巻　葛 洪　平凡社
『演劇とその分身』アントナン・アルトー　白水社

『身体運動の習得』ルドルフ・ラバン　白水社
『性の花伝書：秘すれば花‐性愛の奥儀を求めて』　武智鉄二　祥伝社
『森の民～コンゴ・ピグミーとの三年間』コリン・M・ターンブル　筑摩書房
『日本原初考　全3巻』今井野菊　人間社
『善の研究』西田 幾多郎　岩波書店
『京都学派の思想――種々の像と思想のポテンシャル』　大橋良介　人文書院
『ヴァレリイの芸術哲学』田辺元　筑摩書房
『マラルメ覚書』田辺元　筑摩書房
『宗教哲学の根源的探究』　花岡永子
『哲学コレクションⅣ　非神秘主義　禅とエックハルト』　上田閑照
『日本的霊性』鈴木 大拙　岩波書店
『妙好人』鈴木 大拙　法蔵館
『摩訶止観 ―禅の思想原理』上下巻　関口 真大　岩波書店
『解説ヨーガ・スートラ』佐保田 鶴治　平河出版社
『ウパニシャッド』佐保田 鶴治　平河出版社
『ヨーガ根本教典』佐保田 鶴治　平河出版社
『ヨーガ根本教典（続）』佐保田 鶴治　平河出版社
『中村元選集』全32巻　別巻全8巻　全40巻　中村元　春秋社
『バガヴァッド・ギーター』　上村 勝彦　岩波書店
『ブラフマ・スートラ 上下巻―シャンカラの註釈 』　シャンカラ　大東出版社
『トランスパーソナル宣言　自我を超えて』　ロジャー・N・ウォルシュ　春秋社
『エックハルト説教集』エックハルト　岩波書店
『グノーシスと古代末期の精神　第一部、第二部』　ハンス・ヨナス　ぷねうま舎
『新約聖書外典 ナグ・ハマディ文書抄』荒井献他訳　岩波書店
『ターシャム・オルガヌム』P・D・ウスペンスキー　コスモスライブラリー
『春夏秋冬料理王国』　北大路 魯山人　筑摩書房
『魯山人作品集』　北大路 魯山人　五月書房
『魯山人著作集』　全3巻　北大路魯山人　五月書房
『世界の食べもの～食の文化地理～』　石毛直道　講談社学術文庫
『美味求真』　木下 謙次郎　五月書房

『典座教訓・赴粥飯法』 道元 講談社
『美味礼讃』上下巻 ブリア＝サバラン 岩波書店
『農業聖典』アルバート・ハワード 日本有機農業研究会
『野生の思考』 クロード・レヴィ＝ストロース みすず書房
『金枝篇』 全5巻 ジェームズ・フレイザー 岩波書店
『贈与論』マルセル・モース 岩波書店
『宗教生活の原初形態 上下巻』エミル・デュルケム 岩波書店
『南方熊楠選集』全6巻別巻1 南方熊楠 平凡社
『仏教の起源』 宮坂宥勝 山喜房佛書林
『美のあけぼの オーストラリヤの未開美術』アンドレアス・ロンメル 社会思想社
『真理の山—アスコーナ対抗文化年代記』 マーティン・グリーン 平凡社
『アスコーナ 文明からの逃走—ヨーロッパ菜食者コロニーの光芒』 関根伸一郎 三元社
『裸のヘッセ：ドイツ生活改革運動と芸術家たち』 森貴史 法政大学出版局
『踊る裸体生活：ドイツ健康身体論とナチスの文化史』 森貴史 勉誠出版

『ソアーナの異教徒』 ハウプトマン 岩波書店
『恋する女たち』 全3巻 D・H・ローレンス 新潮社
『知覚の扉』 オルダス・ハクスリー 平凡社

武田梵声（たけだぼんじょう）プロフィール

エラノス理論によるエントプティック≒フォスフェン瞑想とパフォーマンスの関連の研究を神経科学、認知考古学的（認知科学）な側面から行い、エントプティック＝オーガズム瞑想、アスコナとバッハオーフェンの理論によるプロトエラノス瞑想の研究を行っている。

また、Ｐ≒Ｅ瞑想ホール主宰、神経科学的光の瞑想指導者、エラノス瞑想研究者、芸能学指導者、パフォーマンス指導者としても活動している。

國學院大学でエラノス瞑想理論、折口信夫の古代芸能学を修め、中山太郎、赤松啓介などの性の民俗学を研究する。

東洋大学印度哲学科ではインド瞑想理論、インド哲学を修める。また、カーマスートラなどの世界三大性典を研究する。

桐朋学園大学で民族音楽学、民謡分析法カントメトリックシステム、舞踊分析法コレオメトリクス、アルトー演劇学を修め、主にバレ歌、ルーツ演劇としてのディオニュソスの秘儀を研究する。

これまでに3万人以上の大手芸能プロダクションの俳優、声優、歌手、漫才師、モノマネ芸人、アナウンサー、子役タレント、古典芸能、民俗芸能、民族音楽の演者の集中力、パフォーマンス力、感情コントロール、メンタルトレーニング、身体訓練としてのエラノス瞑想法、超ゾーン＝フォスフェン瞑想、神経科学的光の瞑想法の指導をしてきている。また、僧侶、ヨーガ指導者、精神科医などの瞑想指導者への瞑想指導も行っている。

これまでにエントプティック≒フォスフェン瞑想の指導により、劇団四季メインキャスト、帝劇メインキャスト、宝塚メインキャスト、日本レコード大賞受賞歌手、紅白出場歌手、青二プロダクション所属声優、81プロデュース所属声優、ＮＨＫアナウンサー、フジテレビアナウンサー、二期会会員、藤原歌劇団正団員などの数多くの有名パフォーマーを指導、輩出すると同時に古典芸能者、民俗芸能、寄席芸への指導や世界各地の民謡コンクールや、民族音楽などの国内外のコンクール優勝者を多数輩出する。

また、各パフォーマンスメソードの聖典とされたメソードをすべて修めており、（演技論の聖典『アルトー演劇論』、舞踊身体論の聖典『ラバンエフォート理論』、発声学の聖典『フースラーメソード』、瞑想の聖典中の聖典『エラノス理論』）演技指導、舞踊身体論、発声指導、瞑想指導などのあらゆるパフォーマンス分野の指導を世界最高レベルで行っている。

著書に『神経科学的光の瞑想』～世界最高のエラノス理論で超ゾーンを実現する～（ＫＫロングセラーズ）

『野生の声音～人はなぜ歌い踊るのか～』（夜間飛行）

『こどものための究極☆正しい声のトレーニング』（リットーミュージック）

『ボーカリストのためのフースラーメソード』（リットーミュージック）

『最高の声を手にいれるボイストレーニング～フースラーメソード入門～』（日本実業出版社）

『3つの音だけで最高の声になるボイストレーニング～ゴルジャメソード入門』（日本実業出版社）

がある。

武田梵声主宰の世界最高のエラノス理論による瞑想研究所【P≒E瞑想ホール】Web サイト　https://www.p-e-meisou-hall.com/

3万年前の伝説のセックス瞑想　エントプティック＝オーガズム瞑想
世界最高のエラノス理論に基づく神経科学的光の性愛瞑想

著者　　武田 梵声
発行者　　真船 壮介
発行所　　KK ロングセラーズ
〒169-0075　東京都新宿区高田馬場 4-4-18
電話（03）5937-6803㈹
http://www.kklong.co.jp

印刷・製本　㈱ブックグラフィカ
落丁・乱丁はお取替えいたします。※定価と発行日はカバーに表示してあります。
ISBN978-4-8454-2530-3　C0030
Printed in Japan 2024